Manual
para personas
con alta
sensibilidad

MEL COLLINS

Manual para personas con alta sensibilidad

Cómo transformar los sentimientos de agobio y fatiga en sentimientos de empoderamiento y plenitud

EDICIONES OBELISCO

Si este libro le ha interesado y desea que le mantengamos informado
de nuestras publicaciones, escríbanos indicándonos qué temas son de su interés
(Astrología, Autoayuda, Psicología, Artes Marciales, Naturismo,
Espiritualidad, Tradición…) y gustosamente le complaceremos.

Puede consultar nuestro catálogo en www.edicionesobelisco.com

Colección Psicología
MANUAL PARA PERSONAS CON ALTA SENSIBILIDAD
Mel Collins

1.ª edición: febrero 2021

Título original: *The Handbook for Highly Sensitive People*

Traducción: *Núria Riambau*
Maquetación: *Isabel Also*
Corrección: *Sara Moreno*
Diseño de cubierta: *Enrique Iborra*

© 2019, Mel Collins & Watkins Media Ltd.
(Reservados todos los derechos)
© 2021, Ediciones Obelisco, S. L.
(Reservados los derechos para la presente edición)

Edita: Ediciones Obelisco, S. L.
Collita, 23-25. Pol. Ind. Molí de la Bastida
08191 Rubí - Barcelona - España
Tel. 93 309 85 25
E-mail: info@edicionesobelisco.com

ISBN: 978-84-9111-681-3
Depósito Legal: B-86-2021

Impreso en los talleres gráficos de Romanyà/Valls S. A.
Verdaguer, 1 - 08786 Capellades - Barcelona

Printed in Spain

Este libro está dedicado a todos mis seres queridos en espíritu.
Y también a mi mentor, el profesor Roger Woolger.

AGRADECIMIENTOS

Me gustaría dar las gracias a mi maravilloso hijo Jevan, por todo el amor, alegría, luz y risas que aporta a mi vida y por todo el apoyo que me ha brindado mientras he estado escribiendo este libro. Me considero muy afortunada de ser su madre.

También me gustaría agradecer al maravilloso Jeremy Vine su apoyo y amabilidad por invitarme a su programa *Radio 2* de la BBC para hablar de las PAS, por su colaboración para ayudarme a conseguir un editor para este libro y por escribir el prólogo. Llegaste a mi vida caído del cielo y te agradeceré eternamente toda la ayuda prestada.

Doy las gracias también a Miriam Akhtar, compañera escritora, por su tuit y su correo electrónico a Watkins Publishing acerca de la entrevista sobre PAS que me hizo Jeremy en su programa.

Querría también expresar un enorme agradecimiento de todo corazón para la fantástica Kelly Thompson, responsable de publicación en Watkins, por seguir adelante con este libro y añadirle los toques finales extra, y por ayudarme tanto. Eres también un ángel enviado por el cielo.

No me olvido del resto del equipo de Watkins: Jo Lal, mi editora, Etan Ilfeld, el director, Jillian en publicidad, Vikki en marketing, Francesca, diseñadora de la cubierta, Slav, el responsable de compendiarlo todo, Becky Miles, editora autónoma, por toda su labor en el manuscrito, y a Steve por la tarea de revisarlo.

Me gustaría también mostrar mi gratitud a la doctora Elaine Aron por sus investigaciones pioneras en el campo de la alta sensibilidad y cuyo libro *El don de la sensibilidad* cambió totalmente mi vida.

Me gustaría dar las gracias a todos mis pacientes PAS y a las personas que asistieron a mis talleres durante todo este tiempo; me siento muy afortunada de haber podido trabajar con almas tan bellas. Y también un agradecimiento especial a aquellas personas que me han dado permiso para que publicara sus experiencias en este manual.

Gracias a *todos* los profesores y sanadores que han transitado por mi camino, en especial, a Roger, Therese, Jen, Val, John, Annie and Veronica. Therese, has sido, no sólo una maravillosa sanadora espiritual y maestra, tanto personal como profesionalmente, sino que tu amistad y tu apoyo han significado muchísimo para mí. Gracias a Juanita y Jane del Woolger Institute por conservar el legado de Roger y por su respaldo; estoy muy contenta de haber estudiado con un hombre tan extraordinario. Y también a William Meader, por su amable apoyo.

De nuevo, mis más efusivas gracias a Alan Dudley, antiguo director de la cárcel, que no sólo me guio durante esos diez años en el centro, sino que me comprendió perfectamente en cuanto que PAS. Quiero darle las gracias por hacerme reír a carcajadas cuando la carga de la cárcel pesaba demasiado y por abrazar mi ideología «zorgiana». Muchas gracias por tu amistad y tu apoyo constante.

Y querría también citar a otras personas de mi etapa en la cárcel: gracias a mi responsable regional de estrategia sobre la drogadicción, Andy, por todo tu apoyo, y también al coordinador regional de perros detectores de drogas, Paul, por dejarme darle un hogar a un perro antidroga del centro. Nero fue mi ángel peludo y pasé ocho maravillosos años con él por culpa de ambos. Gracias a todos los que estuvieron en mi equipo, especialmente a Tribbs, «H», Davo, Lizzy, Al, Stu y a los perros detectores. Finalmente, un gran reconocimiento a todos mis antiguos compañeros de la cárcel por la difícil labor que desempeñan.

También me gustaría agradecer a toda mi familia su apoyo.

Un agradecimiento especial a mi madre (también por regalarme hace cuatro años un taller de escritores de un fin de semana), a mi tía Ann y a los Scotts.

Y a Carole (y Steve), por formar parte de tu familia y por todo lo que has hecho para ayudarme y tu apoyo en todos los ámbitos.

También, un gran agradecimiento a todos mis amigos por su apoyo y aliento. En especial a algunos de ellos, que me han ayudado a atravesar momentos muy difíciles: Vanessa, Sarah, Chrissie, Viv, Glen, Ally y Stania. Gracias por estar siempre ahí y por vuestra lealtad. Todos vosotros sois ángeles en la tierra.

Un gran agradecimiento a Paul (y a Gay) mi(s) casero(s), por alquilarnos la casa en la que vivimos y por su apoyo a mi libro.

Gracias a Jean Hole por su don de médium y por traerme mensajes de consuelo de mi padre cuando estaba afligida y también por sus orientaciones sobre este libro.

A Claire-Louise, gracias por crear un sitio web para mí y por ser mi ángel de la tecnología. No lo habría conseguido sin ti.

A todos los hermosos perros que suelo pasear muchas semanas, que me ayudan a hacer una pausa de vez en cuando de mis sesiones de ordenador: Roo, Bodie, Woody y Tammy.

Y, finalmente, desde el lugar más profundo de mi corazón, expreso mi gratitud a mis ángeles, guías espirituales y seres queridos que están siempre conmigo y que me han animado y apoyado a escribir este libro.

Con todo mi cariño,
MEL

PRÓLOGO

Todos somos distintos. Recuerdo haber tenido una discusión con alguien y sorprenderme de que, diez años después, no recordara en absoluto el percance. Yo, sin embargo, era capaz de recordarlo todo al pie de la letra. Cada adjetivo que usó, el color de la corbata que llevaba, la brisa que mecía las cortinas o el estampado de la tela.

Algunas personas se olvidan de una conversación en un fin de semana. Otros la conservarán para siempre en la memoria. Cuando escribí las memorias de mis años en la BBC, un directivo me dijo:

—¿Has guardado todas esas notas que se remontan a veinticinco años atrás?

—No –le repliqué–. Lo tengo todo en la cabeza.

—¿No te resulta agotador, Jeremy? –me preguntó, y añadió con orgullo–: Yo apenas recuerdo lo que hice la semana pasada.

Pues, sí, pensé. Es un poco agotador.

Hasta que conocí a Mel Collins y leí este libro no estaba seguro de lo que era una PAS; sonaba medio inventado. Ahora estoy convencido de que nosotros, las personas con alta sensibilidad, somos un grupo tan bien definido que deberíamos formar nuestro propio sindicato. Tal vez porque fui el mayor de mi familia, de alguna manera transformé la profunda preocupación de mis padres por mí en un estado constante de autovigilancia, casi como si fuera yo el que tuviera que hacer su trabajo.

¿O podría ser simplemente cuestión de ADN? Nací para sentir cosas, sentirlas profundamente. Soy el único DJ de Radio 2 que constantemente se queja de que los auriculares están muy altos, tanto, que los técnicos tuvieron que idear otras maneras de conectarme a las pistas. Soy el típico que rompe a llorar cuando un jubilado llama al programa y dice que nunca en su vida ha tenido un amigo de verdad.

Pero no me quejo. Me parece que tengo la capacidad de mi madre de percibir el dolor en una sola palabra, y de conectar con precisión digital con los sentimientos de los demás. Puede que me preocupe demasiado por el comentario desagradable que hice sin querer un día a principios de los noventa, pero seguro que no corro el peligro de volver a hacerlo.

Me fascina la gente que es todo lo contrario. Recuerdo haber visto a un político de altos vuelos ir a la cárcel por una infracción de velocidad. Sorprendentemente, el martes después de su liberación estaba en *Newsnight* hablando sobre el medioambiente, con voz estruendosa, inmutable. ¿Qué deberíamos hacer con aquellos que parecen hechos a prueba de bombas y que avanzan hacia el primer lugar de la cola sin avergonzarse por las quejas indignadas que surgen tras ellos?

La clave es entenderse a sí mismo. Cuando tu voz interior te acusa de ser torpe, o aburrido, o te recuerda el lamentable espectáculo que montaste delante de todos tus amigos la noche anterior en el bar, recuerda los conceptos que Mel plantea en este libro. Nosotros, las PAS, pensamos mucho más en estas cosas que los demás. Para nosotros, una semana sentados en la playa puede ser una invitación para que nos asalten multitud de recuerdos. Somos así. No es nada malo. No hace falta que suframos por ello. Podemos aliviarnos si logramos entender nuestra alta sensibilidad y aprendemos a verla como un don en lugar de un defecto, y aquí es donde entra este gran libro. Gracias, Mel, por escribir sobre ello, y por venir a mi programa de radio y cambiar la vida de tantos oyentes.

Jeremy Vine, locutor y periodista
Julio de 2018

INTRODUCCIÓN

¿Te han dicho muchas veces que dejes de tomarte las cosas tan a pecho o que tienes que aprender a ser fuerte? ¿Sientes mucha empatía por los demás? ¿Piensas mucho y tardas más en procesar los sentimientos que los demás? ¿Te sientes distinto a los demás, o tienes la sensación de no encajar, especialmente en tu familia biológica? ¿Suelen agobiarte los estímulos ambientales y sensoriales y sientes la necesidad de tomar distancia de vez en cuando? Si la respuesta a estas preguntas es un sí rotundo, probablemente seas una persona con alta sensibilidad y este manual será tu guía de supervivencia.

Según las estadísticas, 1 de cada 5 personas nace con la condición de alta sensibilidad. Esto significa aproximadamente 1400 millones de personas en todo el mundo. Sin embargo, hay una falta de conciencia generalizada sobre esta condición, lo que provoca que demasiadas PAS se vean obligadas a debatirse física y emocionalmente, mental y espiritualmente con el hecho de ser altamente sensibles en un mundo no sensible. Juicios, críticas y desprecios por el hecho de ser «demasiado» o «híper» sensibles les socavan la autoestima; terminan sintiéndose solos y aislados, como si nadie los comprendiera de verdad ni viera quiénes son en realidad, porque se sienten muy diferentes a las demás personas.

Lo sé porque soy PAS, aunque no fui consciente de la existencia de esta condición durante los primeros 32 años de mi vida. Estaba convencida de que me pasaba algo malo. El exceso de ruido, el brillo de las luces y el estado de ánimo de otras personas podían resultarme agotadores. Absorbía las emociones de los demás, lo que me dejaba completamente impregnada o, por el contrario, como si me hubieran exprimido toda la energía. Cuando supe de la existencia de esta condición, vi la luz y me quité un enorme peso de encima.

Después de muchos años trabajando en el sector empresarial y como directora del departamento de rehabilitación de drogas en un centro penitenciario, me formé como psicoterapeuta y desde entonces me especialicé en trabajar con PAS.

Este libro es la culminación de todo lo que he aprendido sobre las PAS, tanto en el ámbito profesional como en el personal. Mi objetivo es ayudar a las PAS a reconocer, comprender, aceptar y, en última instancia, celebrar esta característica propia y todo lo que significa para ellas, basándome en la investigación científica que ha se ha hecho sobre el tema, haciéndola accesible y aportando mi visión personal.

Vaya por delante que no tengo ningún tipo de formación científica. En realidad, soy una persona en la que predomina el hemisferio derecho, por lo que soy más bien intuitiva y creativa, así que en este libro ofrezco una perspectiva holística de las PAS que incorpora los aspectos físicos, mentales, emocionales y también los espirituales de esta condición. Además, estoy muy contenta de poder incluir las opiniones de algunos de los pacientes PAS con los que he trabajado en los últimos 15 años. Espero que disfrutes del libro y lo encuentres útil, pero primero deja que te cuente cómo sacar el máximo provecho de su lectura.

De niña altamente sensible a adulta altamente sensible

«Tímida», «callada», «soñadora», «consentida» y «retraída» eran sólo algunos de los términos que los demás usaban para describirme en mi etapa de crecimiento. «No seas tan sensible», o «No te conviene ser tan sensible», fueron mensajes constantes que escuché a lo largo de toda mi vida. En aquella época, yo lo percibía como una crítica y un juicio, y me sentía herida. No sabía cómo poner fin a algo que formaba parte de mí. Tenía la sensación de que era imperfecta. Además, tomé conciencia de mis capacidades psíquicas: también podía ver y sentir cosas que otras personas no percibían, pero me guardé esas extrañas experiencias para mí. Fue una etapa de confusión extrema.

Mi etapa escolar fue difícil en ocasiones, pero solía utilizar mi sentido del humor como estrategia de supervivencia y como una forma de ser aceptada. Era muy empática y la mayoría de mis amigos acudían a mí con sus problemas. Y aunque era estudiosa, en el último año de bachillerato, me desconcentré bastante debido al divorcio de mis padres; estaba destrozada y hacía esfuerzos por procesar la intensidad emocional de mis sentimientos. Así que, en vez de ir a la universidad, empecé a trabajar en un banco, me casé joven, tuve a mi maravilloso hijo, me divorcié, padecí problemas de salud, dejé el banco y empecé a trabajar en el campo de los seguros. Y durante gran parte de ese tiempo, me sentí bastante perdida. Finalmente, llegué a un punto en mi vida en el que me sentía muy distinta de los demás por mi elevado grado de sensibilidad; estaba tan desconectada de la persona que era en realidad que acabé enfermando de fatiga crónica, y fue entonces cuando empecé a buscar respuestas.

Fui a ver a una terapeuta que confirmó y fomentó mi sensibilidad (sin hacer mención en ningún momento a la condición de PAS) y así fue como empecé a sentirme mejor conmigo misma. También me di cuenta de que recuperaba mis capacidades psíquicas e intuitivas, que por aquel entonces habían disminuido. Las sesiones con ella me ayudaron tanto que decidí formarme para convertirme yo también en terapeuta.

Al poco de empezar el curso de terapeuta me hablaron del libro *El don de la sensibilidad* de la prestigiosa psicóloga estadounidense Elaine Aron, y sus investigaciones pioneras sobre esta condición me cambiaron la vida. Por fin obtuve la confirmación de quién era y de que no me ocurría nada. Fue el principio de un viaje de autodescubrimiento que me llevaría unos cuantos años hasta que pude reunir los recursos suficientes para aprender a tratar esta característica y florecer como PAS.

Tras concluir los primeros dos años de mi formación, empecé a buscar un trabajo con el que pudiera ayudar a los demás y al poco entré a trabajar en un centro penitenciario como terapeuta en rehabilitación de alcoholismo con delincuentes peligrosos. Dos años después, fui nombrada directora responsable del departamento de la estrategia en materia de drogas. Por una parte, fue una labor muy gratificante en muchos aspectos, pero por la otra, empezó a desbordarme como PAS. Mi sistema nervioso sensorial estaba constantemente en un estado de sobreexcitación y volvió a resurgir mi problema de fatiga crónica. No sé muy bien cómo seguí adelante y continué trabajando en la rehabilitación de presos durante ocho años más en un ambiente muy difícil. Trabajar en una cárcel es ciertamente paradójico para una PAS, ¿verdad? Pero esos mensajes interiorizados sobre ser *demasiado* sensible y aprender a ser fuerte me habían calado hondo y por eso me había construido unos muros de protección bastante sólidos a mi alrededor, pero mi auténtico yo todavía estaba encerrado, y cuando miro hacia atrás, creo que estaba poniéndome a prueba.

Durante diez años fue un viaje increíble a muchos niveles. Aprendí mucho sobre comportamiento humano en la cárcel y sobre las «sombras» o facetas más oscuras de muchas personas. Seguí con mi formación fuera de la cárcel y continué instruyéndome en distintas modalidades de sanación hasta convertirme en sanadora espiritual acreditada y maestra de reiki. También me formé en regresión de vidas pasadas y sanación ancestral con el psicoterapeuta junguiano del doctor Roger Woolger, y aprendí muchas cosas sobre el desarrollo espiritual. Empecé a hacer prácticas a media jornada junto con mi trabajo en la cárcel, hasta que finalmente, en el año 2011, dejé ese trabajo para dedicarme a trabajar como terapeuta y sanadora especializada en PAS.

En la actualidad, sobre todo me dedico a enseñar y a escribir sobre esta condición, con objeto de despertar la conciencia de todo lo que comporta, para que haya más PAS que aprendan a aceptarse y a quererse a sí mismas tal como son.

Sobre este libro

Hace ya unos cuantos años que sentí el impulso de escribir este libro para compartir mis conocimientos profesionales y mi experiencia personal como PAS. Quiero ayudar a otras PAS a entender mejor sus sentimientos y dificultades. Quiero orientarlas para que descubran sus fortalezas y cualidades únicas y aprendan a sanar y sentirse bien consigo mismas.

Espero que el libro también sea útil para aquellas personas que, aun no siendo PAS, conocen a alguien que lo sea. Pueden producirse muchos malos entendidos entre las personas que son PAS y las que no lo son, y el hecho de disipar algunos de los mitos que existen en torno a la sensibilidad profunda contribuirá a cohesionar a ambos grupos.

Este manual ofrece estrategias prácticas para ayudar a las PAS a vivir más plenamente en este mundo tan agitado. Se divide en tres partes fundamentales. No sólo para hacerlo más accesible, sino también para guiarte en tu propio viaje de desarrollo personal a medida que vayas avanzando en la lectura. La primera parte ofrece más información sobre este rasgo de personalidad e incluye una lista para que los lectores puedan valorar si sus seres queridos o ellos mismos son PAS.

Trata sobre las principales cualidades y obstáculos de ser una PAS y el impacto que ello tiene en la vida como PAS. También profundiza en los factores psicológicos que alimentan y afectan a esta cuestión y dan una visión general de cómo empezar el viaje para sentirse más valorado, realizado y pleno.

La segunda parte proporciona estrategias prácticas para gestionar esta condición y su intensidad emocional con más efectividad. Es decir, hacer frente a la sobreexcitación, aprender la técnica TLE (técnica de liberación emocional –también llamada *tapping*– que puede contribuir a mejorar la salud emocional) y el arte de la protección energética, y cultivar el amor por uno mismo.

En la parte final, me baso en mi formación como sanadora espiritual y terapeuta para tratar los aspectos más espirituales que muchas PAS han estado buscando –a sabiendas o no– en su viaje hacia la autenticidad. Esta parte no interesará a todas las PAS, pero no pasa nada; el resto de los apartados del libro les brindarán los consejos prácticos necesarios para ayudarles a vivir como PAS con mayor plenitud. Para aquellos que estén interesados, ofrece también una perspectiva espiritual sobre la depresión, la ansiedad y la ira. Explica y trata el concepto de planificación prenatal, los efectos de las vidas pasadas y las almas terrenales o apegos espirituales, así como las ayudas a las que podemos recurrir desde el mundo invisible del espíritu, entre los cuales están guías y ángeles. Y el capítulo final se centra en cómo empoderarse más como PAS y en cómo encontrar el sentido de la propia vida.

He descubierto que la mayoría de los pacientes PAS que acuden a mi consulta, lo que quieren es aceptar y entender más profundamente esta condición no sólo en su interior, sino también por parte de personas que no son PAS. Quieren mejorar, no sólo sobrevivir. Quieren aprender a gestionar mejor su sensibilidad.

También quieren saber cuál es el sentido de su vida; la mayoría tienen la sensación de que están aquí para cambiar las cosas en este mundo, pero no saben muy bien cómo hacerlo. Si te consideras una PAS y estás preparada para embarcarte en el viaje del autoempoderamiento, o si simplemente quieres saber mejor lo que significa, sigue leyendo para descubrir y celebrar quién eres de verdad en este *Manual para personas con alta sensibilidad*.

PRIMERA PARTE

¿QUÉ ES LA ALTA SENSIBILIDAD?

Como he comentado en la introducción, aproximadamente un 20 % de la población está formado por PAS. ¿Qué significa esto?

Una persona altamente sensible (PAS) procesa las emociones con más profundidad que alguien que no lo es, y a menudo tarda mucho más tiempo en hacerlo. Somos personas reflexivas y de pensamiento profundo, pero también podemos ser más reactivas en el aspecto emocional a los acontecimientos que se suceden en nuestra vida o a las emociones positivas y negativas de los demás, y a veces las personas que no son altamente sensibles pueden percibir esta reacción como un impulso exagerado. Podemos captar las sutilezas que otros no perciben y somos muy empáticas. Nos afectan los estímulos ambientales y sensoriales, y también tenemos poca tolerancia a los niveles de estimulación demasiado altos. Y si hay exceso de ruido, nuestro sistema nervioso sensorial entra en un estado de sobreexcitación y es posible que empecemos a sentirnos agobiados.

Desde una perspectiva holística, el hecho de ser altamente *sens*-ible también significa que nuestras capacidades intuitivas innatas están mejor sintonizadas con el resto de los sentidos: la capacidad de sentir, oír, ver, tocar y oler. Tenemos capacidad para sentir las cosas sin saber cómo lo sabemos. Y parece ser que tenemos más habilidades intuitivas que personas que no tienen esta característica.

En este punto es importante aclarar que si hay alguna persona que no sea PAS que esté leyendo esto y esté pensando que a veces tal vez también sea una persona altamente sensible, seguramente tendrá razón. Todo el mundo puede ser sensible a veces. De hecho, muchas personas se vuelven más sensibles según se hacen mayores, lo que no es lo mismo que ser PAS, que quiere decir tener el rasgo de personalidad definido psicológicamente como «sensibilidad de procesamiento sensorial» debido a la profundidad del procesamiento de la información sensorial y medioambiental que se produce en el sistema nervioso biológico y el cerebro de las PAS.

Esta primera parte del manual tratará sobre el rasgo PAS y sus orígenes psicológicos con detalle, y facilitará toda la información necesaria sobre esta condición y sobre cómo puede impactar en el día a día.

CAPÍTULO 1

La condición de PAS

El concepto de «sensibilidad innata» y su impacto, tanto en la infancia como en la vida adulta posterior, fue abordado por primera vez por el psiquiatra y psicoanalista suizo Carl Jung a principios del siglo xx. Sin embargo, fue la doctora Elaine Aron y sus investigaciones y estudios clínicos pioneros de finales del siglo xx lo que nos proporcionó conocimientos psicológicos más profundos sobre esta condición. Sus investigaciones muestran que la condición de «alta sensibilidad» es un rasgo temperamental *innato; no* se trata de un trastorno o una enfermedad, y, curiosamente, es interesante constatar que un tercio las PAS suelen ser extravertidas, lo que pone de manifiesto claramente que ser PAS no equivale necesariamente a ser introvertido. La doctora Aron ha escrito muchos libros sobre las PAS. Los recomiendo encarecidamente; se citan en el capítulo «Recursos adicionales» que hay al final libro.

La última investigación de la doctora Aron trata del estudio del «cerebro altamente sensible», especialmente las zonas relacionadas con la empatía y el procesamiento sensorial. Los resultados de estos estudios muestran que las PAS tienen más activadas las regiones cerebrales relacionadas con la conciencia, la empatía y el procesamiento del yo-otro que las personas que no son PAS. Si deseas obtener información más detallada al respecto, en la página web de Elaine Aron hay un apartado muy útil en el que se publican las investigaciones científicas sobre esta característica. Igual que ocurre con muchos temas relacionados con el cerebro, se trata de un área de investigación en evolución y cada vez hay más personas que están adquiriendo conciencia sobre este rasgo y estudiando sus efectos.

¿Eres una persona altamente sensible?

He elaborado la lista siguiente a modo de herramienta de autoayuda para que puedas reconocer si eres una PAS. Sólo debes tener en cuenta que todos somos únicos y que, como tales, el hecho de ser PAS se manifestará de manera distinta en cada persona, según factores muy diversos, ya sean de tipo socioeconómico o de historia personal.

Ten en cuenta que esta lista no está pensada para diagnosticar ni excluir ningún tipo de diagnóstico.

Responde a cada afirmación con sinceridad y de acuerdo con el modo en que te sientes personalmente. Marca las casillas que consideres un poco verdaderas y deja sin marcar las casillas que no son muy verdaderas o nada verdaderas.	
❏	1. Con frecuencia te dicen que «eres demasiado sensible», o que tienes que «aprender a ser fuerte» o «no ser tan sensible».
❏	2. Experimentas emociones o sentimientos con mayor intensidad o profundidad que otras personas.
❏	3. Sueles sentirte agobiado cuando estás cerca de grupos concurridos de personas y necesitas alejarte.
❏	4. Eres muy sensible a los ruidos fuertes, las multitudes o la negatividad y a menudo tienes necesidad de escapar.
❏	5. Eres muy intuitivo y captas las sutilezas de las personas o el entorno. Eres capaz de percibir cuando algo va mal, aunque los demás no lo sepan.

❏	6. Eres muy meticuloso y tardas mucho en tomar decisiones por temor a las posibles consecuencias.
❏	7. Tienes una gran capacidad de concentración.
❏	8. Prestas mucha atención a los detalles o podrías considerarte muy perfeccionista.
❏	9. Tienes un gran sentido del deber.
❏	10. Tienes tus propios valores y ética.
❏	11. Te preocupan profundamente las injusticias sociales y procuras luchar por los desvalidos.
❏	12. Te afectan los problemas ambientales y sientes un profundo dolor por la destrucción que los humanos están provocando en el planeta.
❏	13. Tienes una gran capacidad para ver las cosas con perspectiva.
❏	14. No haces caso de los mensajes de tu cuerpo debidos a la sobreestimulación y terminas sintiéndote extenuado, exhausto y agotado, o justo lo contrario, inquieto, ansioso o incapaz de dormir.
❏	15. Suelen afectarte los estados de ánimo de los demás y puedes terminar agotado mientras los demás comentan que se sienten mejor después de haber estado contigo.
❏	16. Te debates con el amor por ti mismo y tiendes a cuidar o a «rescatar» a los demás. Sufres, o has sufrido, baja autoestima o sentimientos de no ser lo suficientemente bueno.
❏	17. Eres una persona que das de forma natural y que sueles luchar para poner límites, lo que te puede llevar a ser fácilmente manipulable.

❑	18. Puedes llegar a sentirte profundamente herido y a encerrarte cuando te critican, juzgan, traicionan, engañan o mienten. Tardas bastante en recuperarte de esto o a veces tienes la sensación de que nunca lo superarás del todo.
❑	19. Sientes que te esfuerzas por encontrar la relación «correcta» o tienes un historial de relaciones «fallidas» porque tu pareja no entiende tu sensibilidad.
❑	20. Has pasado por la experiencia de «salir de tu cuerpo (disociarse)» en momentos emocionales difíciles o habitualmente «fantaseas» o sueñas despierto.
❑	21. Has utilizado el alcohol, las drogas o la comida para hacer frente a tu sensibilidad.
❑	22. Has sentido como si alguien hubiera encendido «una luz en la oscuridad» cuando sientes que alguien realmente «te entiende», ya sea un amigo de ideas afines, otra PAS, un terapeuta o un sanador, y finalmente te sientes «captado» y comprendido.

RESULTADO

- Si has marcado entre 14 y 22 casillas, es *muy* probable que seas una PAS.
- Si has marcado entre 7 y 13 casillas, es probable que seas una PAS.
- Si has marcado menos de 7, pero son muy ciertas, podrías plantearte que eres una PAS, sobre todo si has marcado las casillas 1-5, 14 y 15.

Además de todo lo anterior, hay otros aspectos que también son comunes entre las PAS, en especial las que tienen una conciencia elevada o afinidad con los aspectos espirituales de la condición. Así que, como PAS, reconocerás alguno de los aspectos siguientes:

- Ser una persona profundamente reflexiva.
- Tener una gran dosis de creatividad o pasión por las artes.
- Tener sueños vívidos o proféticos.
- Sentirte atraído por causas benéficas o por llamadas humanitarias.
- Sentir una gran afinidad con los animales, la naturaleza o los cristales.
- Sentirte muy distinto de tu familia biológica.
- Sentir que la espiritualidad o una religión basada en la fe son parte fundamental de tu vida.
- Creer en el mundo invisible, como por ejemplo los ángeles, o haber tenido experiencias psíquicas o espirituales.

Estos aspectos se tratan más ampliamente en la tercera parte del libro.

Desencadenantes ambientales y sensoriales

Hay también multitud de factores ambientales y sensoriales desencadenantes que afectan a las PAS. Un estudio sobre el cerebro con alta sensibilidad llevado a cabo por la neurocientífica social Bianca Acevedo, la doctora Aron y otros investigadores descubrió que «las PAS muestran una mayor conciencia y atención a los estímulos sutiles y parecen ser más reactivas a los estímulos positivos y negativos». Así que, si te identificas con la lista siguiente, podría ser otra indicación de que eres una persona altamente sensible.

- Multitudes.
- Niveles elevados de ruido.
- Escuchar sirenas o alarmas que se disparan.
- Iluminación brillante o artificial, por ejemplo, las luces fluorescentes.
- Olores fuertes.

- Cambios de temperatura y otras condiciones climáticas.
- Tormentas geomagnéticas y erupciones solares.
- Emisiones de campos electromagnéticos (CEM).*
- Falta de espacio o alivio de la sobreestimulación.
- No estar en la naturaleza.
- Las fases de la luna, especialmente la nueva y la llena.
- Hablar en público.
- Conocer a extraños
- Estar bajo presión, o hacer demasiadas cosas a la vez.
- Los plazos límite.
- Ser observado, hacer exámenes o someterse a evaluaciones.

*Los CEM son una combinación de campos eléctricos y magnéticos que irradian fuerzas cargadas eléctricamente. Algunos CEM son naturales, como la luz visible, pero otros son obra del ser humano. Los aparatos eléctricos irradian campos electromagnéticos de baja frecuencia y artículos como dispositivos inalámbricos, teléfonos móviles, ordenadores, microondas, máquinas de rayos-X y resonancias magnéticas producen campos electromagnéticos de alta frecuencia. La sensibilidad electromagnética (también conocida como «enfermedad de los microondas») puede ocasionar dificultades de concentración, alteraciones del sueño, depresión, dolores de cabeza, palpitaciones y fatiga, entre otros síntomas. Y las PAS pueden ser más susceptibles a los efectos de éstas que las personas que no lo son.

La lista anterior no es exhaustiva, pero destaca algunos de los principales factores ambientales que pueden afectar a las PAS y sobreestimular su sistema nervioso. (También es importante aclarar aquí que, aunque estas cosas pueden provocar sobreestimulación, no significa que las PAS estén en constante estado de sobreexcitación o «agobio»).

Ahora empezarás a ver con más claridad las ventajas y las desventajas de ser PAS. Algunas de las principales ventajas son las sutilezas que las PAS captamos, nuestra capacidad para resolver problemas, nuestra intuición, empatía y compasión, y la capacidad de ver las cosas con perspectiva. El mismo estudio mencionado anteriormente mostraba que «el cerebro altamente sensible puede fomentar una mayor sintonía y capacidad de respuesta a las necesidades de los demás». Algunos de mis pacientes PAS describen las ventajas de su condición del modo siguiente:

«Siento que puedo ayudar a los demás de un modo que no todo el mundo es capaz de hacerlo. Tengo capacidad para percibir y sentir cosas sobre los demás, a veces sin que me lo digan».

«Sé ver la verdad de las personas y las situaciones más allá de lo que se muestra. Sé cómo sanarlos, a ellos o la situación, puesto que tengo capacidad para ver las cosas con perspectiva».

Aunque hay algunas desventajas, serían mucho más fáciles de manejar si la condición de PAS se interpretara en el sentido más amplio. El hecho de que las PAS intenten ser o hagan ver que son como las personas que no lo son, o que intenten estar al mismo nivel que ellas, es motivo de gran agobio. *Véase* el texto «Viajar siendo PAS» en el apartado siguiente para entender mejor lo que quiero decir.

VIAJAR SIENDO PAS

Para la mayoría de la gente, las vacaciones y los viajes de fin de semana fuera son una fuente de placer y emoción. Incluso las conferencias profesionales o los cursos de formación pueden vivirse como un cambio bienvenido en la rutina diaria normal. Pero para las PAS, estas situaciones pueden llegar a ser sobreestimulantes, aunque realmente tengan ganas de irse de vacaciones, hacer un viaje o asistir a un acto.

Antes de tener noticia de la condición de PAS, intentaba entender el hecho de que a las personas que me rodeaban no les afectaran los viajes o el hecho de estar en lugares extraños del mismo modo que a mí. Los viajes largos en coche, los aeropuertos o estaciones de tren muy concurridos, la falta de espacio vital, los distintos olores de las habitaciones de hotel y los cambios de temperatura dejaban mi sistema nervioso sensorial en un estado de sobreestimulación constante: mientras que mis compañeros estaban perfectamente listos para salir después de viajar durante horas, yo apenas podía funcionar; tenía que retirarme completamente del mundo exterior, lejos de cualquier ruido, gente o estímulo. Pero luego pasaba largo rato debatiéndome con los sentimientos de culpa y también surgía en mí el conflicto interior de si debía preocuparme por mis propias necesidades o ser una aguafiestas. En muchas ocasiones, debido a la sobreexcitación, cedía a la presión de los compañeros y salía, sin hacer caso de los mensajes que el cuerpo me mandaba. Entonces, todo iba mucho peor, ya que mi ya sobreestimulado sistema nervioso tardaba todavía más en adaptarse a mi nuevo entorno. A nuestro regreso, mis amigos se dormían en cuanto se recostaban sobre la almohada, en cambio yo me quedaba toda la noche en vela, a veces incluso dos, si el día siguiente lo tenía muy ocupado y no tenía espacio o tiempo para coger el ritmo. Los cambios en el entorno, el cambio de la rutina alimentaria o la falta de sueño me provocaban migraña y me hacían sentir físicamente enferma e incapacitada durante un par de días. El principio de una semana de vacaciones era más parecido a una tortura que a unas vacaciones de verdad. Otras veces, la sobreexcitación disminuía y mi sistema nervioso sensorial se adaptaba al entorno. Pero para entonces, ya había transcurrido media semana antes de que pudiera empezar a disfrutar del viaje.

Sin embargo, desde que tuve conocimiento de la condición de PAS y comprendí mejor los factores desencadenantes, he aprendido a gestionarlos y a respetarme. Por ejemplo, ahora sólo voy de viaje con amigos PAS o con personas afines que no lo son. Por lo general, dispongo de una habitación para mí sola y me reservo del primer par de horas o la noche. Descanso o me baño y le doy a mi sistema sensorial tiempo para aclimatarse al entorno. Y siempre recurro a métodos de protección de la energía (*véase* la página 116) y utilizo otras estrategias para reducir los niveles de sobreexcitación. Así sí que puedo viajar. Sin embargo, cada individuo tiene sus propias maneras de enfrentarse a estas situaciones, por eso es importante saber qué es lo que le va bien a cada uno.

Más adelante, trataré el tema de la sobreexcitación *(véase* el capítulo 11) y facilitaré distintas estrategias para hacer frente a la situación y aprender a gestionarla. Mientras tanto, esto es lo que algunos de mis pacientes PAS declaraban cuando les pedía que describieran su agobio:

«Normalmente intento estar muy tranquilo o bien finjo que estoy muy seguro de mí mismo. Trato de ser yo mismo cuando empiezo a sentirme así».

«Me recluyo».

«Me aíslo».

«Me encierro en mí mismo y quiero dormir. A veces intento mantenerme ocupado para olvidarme de lo agobiado que estoy».

Algunas de estas experiencias te resultarán familiares. A mí sin duda me suenan mucho. Y después de leer acerca de mi experiencia sobre las vacaciones como PAS, te estarás preguntando cómo es posible que pudiera trabajar en una cárcel durante tantos años teniendo en cuenta que era un lugar con exceso de negatividad.

Así que, en el capítulo siguiente he decidido compartir cómo era un día normal en el centro desde la perspectiva de una PAS. Espero que con esto quede claro por qué necesitaba encontrar mejores estrategias de afrontamiento y desarrollar técnicas de autoayuda para gestionar mi condición de PAS de manera más efectiva y, a su vez, aprovecharé para recordarte que tú también puedes encontrar maneras no sólo de hacer frente a tu alta sensibilidad, sino también de mejorar y prosperar como resultado de ello.

CAPÍTULO 2

En un mundo de acero y de piedra

Hay muchas PAS que trabajan en entornos y trabajos en condiciones sombrías, difíciles o peligrosas, o bien en el mundo empresarial y las instituciones públicas. Muchas están sumamente centradas en su carrera profesional. Suelen ser personas muy trabajadoras, impulsadas por un propósito, que quieren cambiar las cosas no sólo en lo que concierne a sus funciones, sino a veces también en la sociedad. Pero las PAS también pueden ser personas que se exigen demasiado o que destacan por encima de las expectativas, sobre todo si están tratando de ocultar su condición. Esto suele ocurrir porque en la sociedad occidental por lo general la sensibilidad se percibe como una debilidad.

Cualquier persona que trabaje en un entorno habitualmente negativo o difícil se ve afectada en distinta medida, ya sea altamente sensible o no, pero voy a compartir cómo era para mí, como persona PAS, trabajar en un entorno penitenciario, para que entiendas los principales indicadores de esta condición a nivel más personal. Si lo entiendes, aprenderás a reconocer aspectos muy complejos de tu propia vida o trabajo como PAS y, entonces, podrás adaptar las estrategias de autoayuda de la segunda parte del libro para poder hacer frente a tus propios obstáculos.

Puede que este capítulo no sea fácil de leer porque refleja el grado de oscuridad y dolor que encontré en la cárcel, pero puedes estar tranquilo porque te garantizo que también se está haciendo un excelente trabajo para llevar luz y compasión a estos lugares.

La rutina diaria

Cada día atravesaba las puertas principales de la cárcel sin saber lo que pasaría de un momento a otro. Ésta era la realidad, pese a que había un régimen estricto para mantener la seguridad, el control y el orden. Incluso en días en los que las cosas estaban tranquilas y en calma, mi sensibilidad sensorial tenía que seguir luchando con el hecho de estar rodeada por cientos de presos varones, además de todo el personal que estaba de servicio. Ya sólo los olores podían llegar a ser sumamente penetrantes al pasar por las celdas a primera hora de la mañana (durante el primer año, los presos aún tenían que vaciar los cubos del baño nocturnos en una de las alas más antiguas).

Entrar en una celda de la prisión me provocaba claustrofobia: era un espacio reducido con una cama, un armario pequeño, un lavabo, un inodoro y una única ventana estrecha con barrotes que me hacía sentir completamente atrapada como un animal enjaulado. A veces, en los dos primeros años, las miradas, los silbidos y los ocasionales comentarios lascivos de los presos podían percibirse como ataques sexuales psíquicos; éste fue probablemente uno de los aspectos más difíciles de trabajar en este entorno.

A ciertas horas del día, los niveles de ruido aumentaban, lo que muchas veces yo percibía como si alguien me hubiera puesto unos auriculares en los oídos con el volumen a tope. Había luces fluorescentes brillantes por todas partes y muy poca iluminación natural, ya que todas las ventanas eran pequeñas y con barrotes. En todas las oficinas había ordenadores y equipos eléctricos que emitían CEM y yo llevaba conmigo una radio de seguridad todos los días, lo que también afectaba el campo energético de mi cuerpo. El riesgo de posibles ataques o toma de rehenes por parte de los presos estaba siempre presente, con lo cual mi sistema nervioso siempre estaba de algún modo en estado de alerta, y entonces mis glándulas suprarrenales liberaban cortisol (hormona del estrés) y eso me provocaba la sobreexcitación del sistema.

En los días difíciles, a veces entraba y me encontraba a los presos o bien destrozando las celdas o tratando de atacar a alguien, tal vez porque estaban experimentando una psicosis inducida por las drogas o tenían «la rabia de los esteroides» derivada del uso de esteroides que habían conseguido de estraperlo. También me ocupaba de los que habían sufrido sobredosis y necesitaban una intervención de crisis al regresar del hospital. Había presos cuyo dolor interno hacía que se autolesionaran frecuentemente. También había otros que sentían que no había ningún motivo para seguir viviendo; a ésos se los sometía a una valoración del riesgo y se les ponía en vigilancia para evitar que se suicidaran. Diariamente había que enfrentarse a mucho dolor y a muchas experiencias traumáticas. Por supuesto, este inconveniente no es exclusivo de los centros penitenciarios: las fuerzas armadas, los servicios de urgencias y las organizaciones de cuidados sociales y sanitarios también tienen que lidiar con ello, y es muy difícil para todo el mundo.

Sin embargo, para aquéllos de nosotros que somos PAS, ser muy empático significa que podemos sentir los sentimientos y las emociones de otras personas como si fueran los nuestros. Normalmente nos lleva más tiempo procesar incidentes difíciles y separar nuestros propios sentimientos de los de la otra persona, en especial si no hemos hecho ningún trabajo de desarrollo personal como PAS en esta área.

A veces, podía sentir cómo retumbaba la ira en las distintas alas de la cárcel cuando la tensión se elevaba camino de una potencial erupción. La negatividad de los presos gritando obscenidades a veces era algo parecido a caminar entre un enjambre de abejas. Cuando ocasionalmente estallaba una pelea, el ambiente podía ser realmente aterrador. Ser testigo de que los colegas estaban siendo atacados era muy angustioso y ver a un preso siendo reducido por su exceso de ira y violencia era como ver a un animal encadenado que se agitaba tratando de matar a su presa. El personal a menudo se magullaba o se lastimaba al intentar resolver estos incidentes y se producía una gran liberación de adrenalina entre todas las personas involucradas. Era en días como éstos cuando mis niveles de sobreexcitación y sobreestimulación se disparaban y mi sistema se ponía en tal estado de alerta que después de este percance al menos me pasaba un día o dos sin poder conciliar el sueño.

Cualquier persona que trabaje en un ambiente así lo encontraría estimulante, pero está demostrado científicamente que, para las PAS, las dificultades se amplifican a muchos niveles debido a que la actividad cerebral aumenta en las áreas que reaccionan a tales estímulos. Si a esto le añadimos la determinación de muchas PAS de ser consideradas lo suficientemente fuertes como para hacer frente a cualquier adversidad, te darás cuenta de cuál es el precio que hay que pagar por ello. Si miramos atrás, a veces me pregunto cómo me las arreglé durante esos diez años, incluso cuando reconocí y supe que era PAS. Sin embargo, tuve la suerte de poder elaborar estrategias para gestionar la mayoría de los aspectos de mi rasgo de manera más efectiva, y éstas son las estrategias que compartiré contigo a lo largo del libro.

Como seguramente ya habrás deducido (si no lo sabías ya), las desventajas del rasgo son bastante explícitas, pero ser PAS también tiene algunas ventajas, y las PAS descartan u olvidan estas ventajas y cualidades positivas con demasiada frecuencia. Pero hay muchas. Veremos algunas en el próximo capítulo para así recordar que ser una persona con estas características puede ser un regalo, sobre todo cuando se acepta y se abraza de verdad.

CAPÍTULO 3

La sensibilidad:
Un regalo, no un defecto

Muchas PAS tratan de reconocer y ser poseedoras de los asombrosos dones, cualidades y habilidades de ser altamente sensible. De hecho, muchas nunca llegan a reconocerlos, porque los consideran algo normal y natural que forma parte de ellas mismas. Y para los demás, los *obstáculos* que entraña la condición de PAS pueden eclipsar o contrarrestar completamente cualquier elemento positivo. Este capítulo nos recordará a todos las maravillosas cualidades positivas de las PAS. Replantearemos el concepto de sensibilidad para que pase de ser considerada por muchos como un defecto a ser reconocida como el regalo que puede ser. Como tal, espero que inspire a las personas que se identifican como PAS a comenzar a vivir de manera más auténtica y plena, con mayor sentido del amor por sí mismas o de la autoestima.

En todos estos años, mediante mis prácticas de terapia y sanación, y trabajando con otras PAS, me he dado cuenta de las cualidades o habilidades más frecuentes que abundan entre las personas con este rasgo. Son las siguientes:

- Gran empatía.
- Mayor intuición.
- Amabilidad y compasión.
- Gran capacidad de escucha.
- Honestidad.

- Generosidad.
- Capacidad de sanación natural.
- Capacidad de saber cuándo los demás no están diciendo la verdad.
- Creatividad intensa.
- Profunda valoración de la naturaleza y los animales.
- Capacidad para saber ver las cosas con perspectiva.
- Buena capacidad de resolución de problemas.
- Naturaleza muy perfeccionista.
- Gran sentido de la lealtad.
- Conciencia de sutilezas que los demás no captan.
- Habilidades psíquicas.

Curiosamente, sin importar si ellas mismas son conscientes o no de estas cualidades que albergan, parecen empujar a muchas PAS a profesiones en las que puedan expresarse sus dotes creativas y artísticas, en las que puedan utilizar sus cualidades naturales de «asesoramiento» o en las que se precise de amor, compasión o sanación.

Entre las profesiones que suelen elegir las PAS está la docencia, la escritura, la terapia, la sanación, el arte, la investigación, la enfermería, la medicina o el trabajo social y sanitario. Otras personas se sienten atraídas por trabajos relacionados con los servicios jurídicos o de protección pública por su preocupación por las injusticias sociales. Muchos trabajan para organizaciones benéficas, especialmente las que se ocupan del maltrato de niños, personas, animales y el medioambiente. Pero, por supuesto, puedes encontrar PAS en *cualquier* trabajo o función, especialmente si sienten que pueden reenfocarlos y alejarlos de la dominación y la agresión, de vuelta a la paz, el amor y la protección; por eso, a menudo trabajan en entornos difíciles.

Las PAS suelen aportar un enorme valor a la sociedad. Este valor tiende a ser más reconocido en países como Japón, Suecia y China, en los cuales estas culturas aceptan y cultivan más los comportamientos que se asocian con las características de la alta sensibilidad. Por ejemplo, en Japón, cosas como los ademanes, el lenguaje corporal, «sintonizar» con los estados de ánimo de la gente y la práctica del silencio son considerados mayoritariamente como importantes habilidades comunicativas, por lo que ser altamente sensible suele estar más valorado. Todavía queda, por desgracia, un gran trecho por recorrer para que esta aceptación encaje en muchos otros países, especialmente aquéllos en los que el materialismo está más firmemente arraigado a la cultura. Creo que ha llegado el momento de que surja una nueva conciencia en torno a la sensibilidad en un ámbito personal, profesional y social. Muchas formas de pensar del pasado han dejado una profunda herida colectiva en la psique de las PAS, la mayoría de las cuales se ven a sí mismas como «defectuosas», y esto debe sanarse. A continuación, reproduzco una maravillosa parábola sobre los defectos que puede facilitar el proceso de transformación de la sensibilidad en don a partir de un defecto.

LA BELLEZA DE LA VASIJA AGRIETADA

Todos los días, un porteador de agua cargaba dos vasijas, que utilizaba para llevar agua a casa de su amo. Una de las vasijas era perfecta y transportaba hasta la última gota de agua que contenía mientras que la otra vasija tenía una grieta en ella de la cual siempre goteaba agua, con lo cual llegaba medio llena a la casa. La vasija agrietada se sentía distinta de la otra y siempre se comparaba con ella y, de alguna manera, se sentía «inferior» y no lo suficientemente buena. Un día le habló al porteador de agua y se disculpó avergonzada por el trabajo adicional y el esfuerzo que le ocasionaba; se sentía mal por tener esta grieta. Entonces, el porteador de agua la tomó suavemente y con compasión y se la llevó afuera. Pidió a la vasija agrietada que mirase las flores que crecían en el margen del camino por el que pasaban cada día mientras que en el otro no había flores. Le dijo que había plantado semillas en el lado en el que siempre llevaba la vasija agrietada, a sabiendas de que el agua que goteaba caería sobre las semillas y ayudaría a hacer crecer las hermosas flores que ahora veían. Recogió las flores y las colocó en casa del maestro para que todos pudieran disfrutar de ellas. El porteador de agua le dijo a la vasija rota «Si no fueras como eres, no existiría esta belleza para adornar la casa».

Muchas PAS se han sentido desde muy pequeñas tan defectuosas como la vasija agrietada de la parábola, y de alguna manera se han sentido más débiles o menos valiosas debido a su mayor sensibilidad. Pero, igual que la vasija agrietada goteaba para ayudar a las flores a crecer, la mayoría de las PAS no son conscientes de que las gotas de bondad, compasión, empatía, amor y creatividad que destilan a menudo han permitido a los demás crecer y florecer también. Es hora de replantearnos nuestra sensibilidad, aceptar nuestras «grietas» como fortalezas y darnos cuenta de que tienen el poder de traer algo hermoso a este mundo. Ser sensibles no nos hace débiles; es la esencia de quienes somos y de la búsqueda de nuestro verdadero propósito en la vida.

Y cuanto más reconozcamos y valoremos nuestras muchas bellas cualidades «sensibles», tanto más podremos utilizarlas como pilares en nuestra vida para ayudarnos a lidiar con los muchos obstáculos a los cuales también nos enfrentamos las PAS, los más comunes de los cuales trataré en el capítulo siguiente.

CAPÍTULO 4

Los diez mayores obstáculos a los cuales se enfrentan las PAS

Me he enfrentado a muchos obstáculos a lo largo de mi vida relacionados con la condición de PAS, así que cuando comencé a trabajar como terapeuta en este ámbito, empecé a plantearme si las demás PAS también se enfrentaban a los mismos problemas. Como parte de mi investigación, decidí averiguar cuáles eran las principales dificultades que los pacientes afrontaban, a fin de determinar algún problema común. De resultas de este trabajo, en las siguientes páginas he recopilado una lista de «los diez mayores obstáculos» de las PAS.

Si eres PAS, probablemente los reconocerás y serás muy consciente de sus complejidades. Sin embargo, si crees que no eres PAS y sólo estás leyendo este libro para entender mejor este rasgo en un ser querido, espero que te ofrezca una visión de algunas de las luchas a las que se enfrenta y que te brinde un punto de partida para que le pidas una opinión más personal al respecto. Así que, sin ningún orden en particular, los diez obstáculos que he visto con más frecuencia en las PAS son:

1. El hecho de ser esponjas empáticas

Las PAS son, por naturaleza, bondadosas y muy empáticas. La investigación de la neurocientífica social Bianca Acevedo y otros investigadores descubrió que «cuando se analizaban fotografías de rostros que mostraban emociones fuertes de cualquier tipo, la activación del cerebro indicadora de la empatía era mayor en las PAS que en las personas que no lo eran» y también mostraba «más actividad en el sistema de neuronas espejo». Estas neuronas están vinculadas a nuestra capacidad de empatizar. La actividad en ellas, así como las diferencias en nuestro sistema nervioso biológico, puede contribuir a explicar por qué las PAS tienen tendencia a sentirse fácilmente agotadas, desbordadas o extenuadas.

Los entornos negativos también pueden consumir la energía de las PAS. El exceso de ruido o estar cerca de grupos grandes de personas puede, por ejemplo, dejarlas sintiéndose sobreestimuladas, exhaustas o sin conexión a tierra. Cuando ocurre esto, normalmente tienen la necesidad de retirarse del mundo exterior para liberar las energías absorbidas y para recargarse. Y algunas puede que incluso capten los síntomas físicos de otras personas y los sientan en su propio cuerpo.

SUGERENCIA: Toma medidas para protegerte a ti mismo y a tus campos de energía y para evitar absorber demasiada negatividad de las personas y las cosas que te rodean. Consulta el capítulo 13, para ver algunos ejercicios que te serán de ayuda.

2. La sensibilidad emocional profunda

Las PAS pueden sentirse profundamente afectadas, hasta el punto de romper a llorar, por sentimientos positivos como la alegría, la amabilidad y el amor. Pero también pueden luchar sobre todo con emociones negativas como la culpa, la vergüenza, el miedo, el dolor, la pérdida, la falta de dignidad, los celos, la ira y algunos sentimientos de traición con mucha más intensidad que las personas que no lo son. Y por eso, pueden encerrarse fácilmente cuando se las critica, juzga, engaña o miente. Además, suelen tardar más tiempo en recuperarse de estas experiencias que los demás. Un estudio de Avecedo, Aron y otros científicos ha demostrado que hay un área del cerebro llamada ínsula (que es la responsable de integrar momento a momento la conciencia de los estados de ánimo internos, entre otras cosas) que tiende a mostrar una mayor activación en las PAS que en las personas que no lo son.

SUGERENCIA: Bastará con que hagas un trabajo de autocreci-miento para aceptar y manejar tu naturaleza emocional (*véase* la segunda parte del libro) –en lugar de resentirte o resistirte a ello– y para lograr sobrellevar mejor situaciones de mucha carga emocio-nal, lo que te permitirá aprovechar la sensibilidad como una fuerza en lugar de dejar que te controle y te agobie. Si no, un profesional cualificado podrá ayudarte a resolver tus problemas emocionales para encontrar una mayor sensación de paz interior.

3. Un sentimiento de no encajar

Para las PAS, la sensación de no encajar a menudo puede comenzar en la misma familia, de la que tal vez se sientan muy distintas no sólo en términos de cómo piensan y actúan, sino también de cómo ven el mundo. Podrían identificarse como las ovejas negras de la familia, o sentirse como una especie de extraterrestre en su compañía. Muchas pasan la infancia tratando de adaptarse a ser como los que están a su alrededor en un intento de encajar o no ser considerados diferentes.

SUGERENCIA: Léete el capítulo 18, sobre la perspectiva del alma, para entender cuál es el motivo por el cual las PAS se sienten así y utilizan las estrategias de autoayuda que se citan en la segunda parte del libro para transformar esos sentimientos. La técnica de liberación emocional (TLE), también conocida como *tapping*, pue-de ser especialmente útil para ello en combinación con la psicolo-gía y los métodos de acupresión para gestionar los pensamientos, creencias y sentimientos bloqueados.

4. Una infancia difícil

La infancia parece haber sido una época muy difícil o dolorosa para muchas PAS con las que he trabajado. Además, el hecho de haber su-frido maltratos o abusos cuando eran más jóvenes parece ser una expe-riencia común en algunas de ellas, aunque cabe señalar que no todas tienen por qué presentar esta característica.

Éstas son algunas de las cosas que mis pacientes PAS han comenta-do sobre su infancia:

«De niño, me maltrataban en la escuela por ser diferente».

«Captaba las emociones de los adultos con mucha facilidad y esto me confundía porque no entendía estos sentimientos. De niño, era muy sensible y tímido».

«Me parecía muy difícil ser PAS cuando era niño. Me angustiaba mucho; el mundo me parecía muy agobiante y poco acogedor».

«Era un niño tímido, sensible al rechazo y que odiaba estar solo. Sentía que no encajaba en la escuela. En mi primera adolescencia, fui intimidado verbalmente y me volví muy introvertido».

SUGERENCIA: Si el maltrato infantil sigue teniendo un efecto perjudicial en tu vida de adulto o afecta tu salud mental, habla con un profesional. Seguro que te hará bien acudir a algunas sesiones de TCC (terapia cognitivo-conductual); pregúntale a tu médico. Si no, puedes ponerte en contacto con un centro de salud mental para que te asesoren y te ayuden.

5. Los problemas de autoestima y de amor por sí mismos

Algunas PAS luchan contra la baja autoestima, la falta de confianza, la falta de amor por sí mismas o los sentimientos de no ser lo suficientemente buenos. Esto les ocurre más a menudo si en la primera etapa de la vida han sufrido críticas o juicios por su naturaleza sensible y esto les ha hecho sentirse avergonzadas o apenadas. De resultas de ello, muchas PAS tienen tendencia a tratar de complacer a los demás o a intentar «arreglar» o rescatar a los demás, lo que a menudo puede ser un impulso inconsciente para tratar de satisfacer sus propias necesidades no satisfechas.

SUGERENCIA: El capítulo 10, «La solución de la autoestima», es un buen punto de partida para abordar este tema. Aquí encontrarás algunas prácticas diarias sencillas que te ayudarán a aumentar la confianza en ti mismo como primer paso hacia el florecimiento y el crecimiento como PAS.

6. Las luchas en las relaciones

En mi experiencia clínica, un buen número de PAS ha tenido alguna historia de relaciones románticas difíciles porque su pareja no entendía su condición o su necesidad de espacio cuando se sentía agotada o agobiada. Esto a menudo le ha provocado grandes conflictos y mucho resentimiento acumulado por parte de ambos miembros de la pareja.

También parece que, en sus primeras relaciones, muchas PAS tienden a tratar de ocultar sus sentimientos y llevar una «falsa máscara» para encubrir quienes son en realidad por miedo a ser juzgadas como excesivamente emocionales. En este contexto, sus parejas suelen ser incapaces de satisfacer (o incluso conocer) sus verdaderas necesidades emocionales. Si, a medida que se van haciendo adultos, la máscara se va acoplando, es fácil que acaben con parejas con las que no sienten una verdadera conexión, o que se encuentren en relaciones de codependencia con parejas necesitadas, adictas o narcisistas, donde no hay lugar para sus propias necesidades emocionales.

Encontrar amistades enriquecedoras también puede ser una prueba para las PAS, ya que son personas que por naturaleza tienen tendencia a dar y también saben escuchar. Por eso, a menudo atraen a modelos de amistades que funcionan solamente en un sentido, con lo cual, cuando ellas necesitan apoyo, se encuentran con que carecen de ese tipo de apoyo.

SUGERENCIA: Empieza a tomar conciencia del tipo de relaciones que estableces en tu vida. Fíjate si son recíprocas. Por ejemplo, ¿eres siempre tú el que tiene que andar organizándolo todo, mientras que la otra persona se limita a aparecer cuando le esperan? ¿Hay un equilibrio entre dar y recibir, y hablar y escuchar en tu relación? Si no es así, empieza a tomar medidas para recuperar el equilibrio.

7. Los problemas de salud

Las PAS son extremadamente sensibles al dolor y pueden ser susceptibles a trastornos como la fatiga crónica, la fibromialgia o el insomnio.
Muchas de ellas se ven afectadas por alergias, intolerancias, síndrome
del intestino irritable y problemas digestivos. A nivel físico, probablemente estén relacionados con sensibilidades alimentarias y quími-
cas, pero a nivel emocional es posible que tengan que ver con las dificultades de las PAS para «digerir» los problemas de otras personas y
procesarlos adecuadamente. Como terapeuta y sanadora, he descubierto que siempre hay un vínculo entre nuestra mente/emociones y nuestro cuerpo físico. El *mal-estar* en nosotros puede manifestarse, y suele
hacerlo, en síntomas físicos a largo plazo.

En mi experiencia clínica, he descubierto que algunas PAS también
tienen un historial de abuso de sustancias como estrategia de afrontamiento de su sensibilidad. Estas sustancias pueden ser la cafeína (porque se sienten exhaustas o agotadas, o porque son una esponja emocional), los alimentos, ya sea en general o más específicamente, por
ejemplo, el chocolate (para comer para consolarse o como barrera de
protección) y, finalmente, el alcohol o las drogas (relajación o escapis-
mo). Otras pueden utilizar adicciones más aceptables socialmente, como ser adicto al trabajo, para «adormecer» las dificultades a las que se
enfrentan por el hecho de ser altamente sensibles.

SUGERENCIA: Ocúpate de seguir una rutina positiva para el cuidado de ti mismo y de someterte a revisiones profesionales si te
surge cualquier problema de salud importante. Actividades sencillas como un paseo diario u otra forma de ejercicio regular, y medidas de relajación como tomar un baño antes de acostarte o hacer prácticas de *mindfulness* en tu día a día pueden tener enormes
beneficios para la salud y el bienestar, especialmente para las PAS
que tienden a descuidar en su vida el aspecto del cuidado personal. Si quieres saber más cosas sobre el vínculo entre tus emociones y tu salud física, te recomiendo el libro de Louise Hay *Usted
puede sanar su vida*.

8. La dificultad para aceptar la «oscuridad interior»

Todos tenemos instintos primitivos, incluido el placer o la búsqueda de poder. Sin embargo, como las PAS tienden a ser generalmente personas de buen corazón que quieren «ser agradables» y hacer el bien a los demás, a menudo tienen dificultades para aceptar lo que se considera el lado «más oscuro» de ellas mismas. Esto puede llevarlas a eliminar lo que ellas consideran como sus emociones más negativas.

La ira es una de esas emociones que pueden resultar especialmente difíciles de sentir o expresar para las PAS, ya que la ven como algo cruel o dañino, sobre todo si tienen creencias espirituales arraigadas. Pero, para ser fieles al dicho «a lo que te resistes, persiste», su negación o eliminación normalmente provocará una acumulación de emociones que luego pueden aflorar de manera inapropiada, o bien dirigirse hacia otras personas injustamente, lo que hará que las PAS se debatan entre la culpa y el remordimiento. Por eso es importante que las PAS aprendan a expresar sus emociones de manera saludable, y que encuentren formas seguras y apropiadas de liberar cualquier emoción reprimida. (Esta cuestión se tratará en los capítulos 9 y 12 de la segunda parte).

> SUGERENCIA: De momento, una forma saludable de expresar el enojo puede ser golpear una almohada o gritarle. Al principio, los pacientes suelen sentirse idiotas haciendo esto cuando se lo recomiendo, pero en seguida le encuentran el beneficio. A otros les gusta ir a un lugar tranquilo y despotricar en voz alta para sí mismos, ya sea en el coche, en una habitación silenciosa o en cualquier lugar adecuado y reservado.

9. El hecho de hacer de padres de los padres o de otros miembros de la familia

Las PAS con las que he trabajado suelen sentirse más mayores o más sabias de lo que corresponde a la edad que tienen en realidad y es posible que inconscientemente asuman el papel de padres, ya sea para tratar de cambiar a algunos miembros de su familia o para transformar sus niveles de conciencia. Es el caso de PAS cuyos padres no entienden su sensibilidad o están emocionalmente bloqueados. A nivel inconsciente, es posible que busquen reparar la ausencia de figuras paternas que ellos mismos experimentaron.

Para enfrentarse a este contratiempo, sería conveniente que las PAS intentaran liberar su necesidad de cambiar a los demás y aceptaran que no es responsabilidad de ellas hacerlo. Lo único que pueden hacer es cambiar la forma en la que ellas mismas reaccionan ante otros miembros de la familia. A muchas les ayuda el distanciamiento físico durante un tiempo, para así poder trabajar sus propios patrones de antemano. Liberando esta necesidad de cambiar a los demás, las PAS se liberan a sí mismas energéticamente y empiezan el proceso de ser dueñas de cualquiera de sus propias proyecciones de no ser aceptadas por lo que son.

> SUGERENCIA: La manera más simple de empezar a dejar de lado la necesidad de cambiar a los demás es empezar a practicar la aceptación, tanto respecto a los demás como respecto a uno mismo. Podrías empezar repitiéndote diariamente algunas afirmaciones sencillas como, por ejemplo, «Me acepto a mí mismo por lo que soy y a los demás por lo que son». Otra opción útil es recurrir al apoyo de un terapeuta para trabajar y liberar tus sentimientos hacia los miembros de la familia, y así empezar a liberar más energía para poder hacerte cargo de tu propio niño interior.

10. El hecho de sentirse insatisfecho

En mi experiencia trabajando con PAS, he constatado que muchas de ellas muestran una fuerte tendencia a pensar que están cambiando el mundo. Como resultado de ello, muchas creen que si no se sienten realizadas de esta manera, están en el camino equivocado y por eso, a veces, pasan mucho tiempo buscando lo que «se supone» que están haciendo. Aunque, en realidad, cualquier trabajo tiene la capacidad de reflejar algún aspecto de sí mismos o de satisfacer una necesidad interior. En mi caso particular, crecí en una familia en la cual mis padres trabajaban mucho, pero apenas teníamos dinero. Ahora veo que mis diez años de trabajo en un banco reflejaron mi necesidad de seguridad financiera. Y que *todos* los trabajos que he tenido desde entonces me han ayudado a llegar donde estoy ahora, haciendo algo que me apasiona. Todo trabajo puede considerarse según estos parámetros, si así se decide hacerlo: como un paso hacia un propósito que nos llene más.

SUGERENCIA: Haz una lista de todos los trabajos que has tenido hasta la fecha. Reflexiona un poco sobre las habilidades y las cualidades que has ido desarrollando al hacerlos y sobre las múltiples necesidades que cada uno ha satisfecho en ti, independientemente de que en aquel momento fueras consciente de ello o no. Luego, pregúntate si las has aprovechado –y si puedes continuar haciéndolo– para trabajar para los demás o diferenciarte de ellos y seguir adelante.

Entonces, ¿te identificas con estos diez obstáculos como PAS? ¿Te ves reflejado en muchos de ellos? ¿O tal vez sólo con unos pocos? Me imagino que hay algunos que no te gustan especialmente, como por ejemplo el de la «oscuridad interior» (el número 8). Si es así, no seas muy duro contigo mismo. Siempre hay obstáculos que preferiríamos evitar, pero, como verás en el capítulo siguiente, reconocerlos y superarlos a menudo es la clave para hacer cambios transformadores en nuestra vida.

Mientras que vivir con la condición de la alta sensibilidad puede ciertamente plantear sus dificultades en una sociedad generalmente poco sensible, la buena noticia es que muchas de ellas pueden superarse con una mayor conciencia de uno mismo, la autoaceptación y el amor por uno mismo, que es lo que espero que este libro te ayude a cultivar más. Como dijo el gran filósofo griego Sócrates, «Conócete a ti mismo»; ésta es realmente la clave.

CAPÍTULO 5

De la desconexión
a la autenticidad

Como habrás visto en el capítulo anterior, los obstáculos a los que se enfrentan las PAS, por ejemplo, el sentimiento entre algunos desde la infancia de «no encajar», pueden ser muy difíciles de superar. El principal objetivo de este capítulo es identificar cuán profundamente pueden habernos afectado ciertos aspectos de nuestra infancia en cuanto que personas con alta sensibilidad; por ejemplo, si hemos suprimido algunas de nuestras cualidades más positivas por miedo a lo que los demás piensen, si hemos asumido ciertos papeles entre nuestros seres queridos para sentirnos más aceptados o si hemos ocultado partes de nosotros mismos que considerábamos frágiles o inaceptables detrás de una persona falsa o de una máscara.

La toma de conciencia es el primer paso para emprender cualquier cambio: en cuanto seamos *conscientes* de cualquier papel que nos impida ejercer nuestro poder o de cualquier comportamiento que hayamos adoptado, podremos empezar a obrar cambios y a reconectar con nuestro yo innato y auténtico.

El reconocimiento de nuestro lado oscuro

El concepto de la «sombra» fue introducido por primera vez por el fundador del psicoanálisis, Sigmund Freud (1856-1939), y se relaciona en parte con los aspectos inconscientes y más oscuros de nuestra personalidad. Lo llamó el «ello». El psiquiatra suizo y fundador de la

53

psicología analítica, Carl Jung (1875-1961), llevó el concepto a un nivel más profundo, afirmando que la sombra también contiene ciertos «personajes arquetípicos» dentro de nuestras personalidades, como el héroe y el villano.

Es importante reconocer que tanto la luz como la oscuridad están dentro de todos los seres humanos; forman parte de nuestra naturaleza dual. Si no reconocemos que existe tanto la oscuridad como la luz dentro de todos: amor y miedo, bueno y malo…, entonces seremos prisioneros de la sombra, y la sombra actuará de manera inconsciente.

En el caso de las PAS, nuestra sombra ha ido evolucionando con el tiempo para contener partes de nosotros que fueron negadas, burladas, criticadas, socavadas o rechazadas por los que nos rodeaban en nuestra etapa del crecimiento, ya fuera por ignorancia, malentendidos, miedo o falta de amor. Tendemos a recibir muchos mensajes de «no seas» cuando somos niños, tales como «No seas tan sensible», «No seas tan llorón», «No seas tan emotivo/egoísta/avaricioso/irritable, etc.». Todos estos mensajes negativos nos hacen pensar que estos aspectos de nosotros son de algún modo «malos», lo que hace que los eliminemos y los escondamos en nuestro lado oculto de la «sombra». Ser conscientes de lo que podemos haber transferido sin darnos cuenta a nuestro lado oscuro como niños puede ser la clave hacia la libertad personal: un primer paso importante para sanar la desconexión de nuestro auténtico ser y para poder conectar de nuevo con nuestras muchas cualidades innatas.

Por desgracia, hay muchas personas que consideran que la idea de adentrarse en su lado oscuro es un inconveniente, normalmente porque tienen miedo de lo que puedan encontrar. Y muchas PAS, sobre todo, tienen miedo de mirar en su interior más profundo porque conciben la idea equivocada de que la «oscuridad» está relacionada con lo «malo» o el «mal». Sin embargo, el trabajo en la sombra no tiene nada que ver con lo malo ni con el mal; se trata simplemente de aprender a reconocer y amar *todas* las partes de nosotros, ya sean positivas o negativas, y de encontrar una forma sana y creativa de integrarlas para lograr la plenitud.

El legado de la infancia

Los mensajes que recibimos sobre el amor cuando somos niños tienden a constituir los fundamentos de ciertos comportamientos que adoptamos a lo largo de la vida. No todos los niños reciben amor incondicional. De hecho, desde un punto de vista de la psicología, muchos niños sólo experimentan amor «condicional» en función de cómo se comportan y no de quiénes son. Podemos empezar, por tanto, a desempeñar enseguida papeles concretos como niños, basándonos en lo que pensamos que nuestros padres, maestros, amigos o la sociedad esperan o quieren que seamos. Y si no somos conscientes de ello, estos cometidos pueden continuar en la vida adulta. En cierto sentido, nos convertimos en actores que desempeñando distintos papeles con distintas personas según lo que pensemos que cada uno de ellos aprueba o desaprueba, para hacernos sentir más aceptados, más seguros, más amados o la necesidad que estemos sintiendo con más fuerza en ese momento (*véase* el capítulo 6 para más información sobre nuestras necesidades humanas básicas).

Identificación de los roles que has adoptado

El concepto de los roles familiares fue acuñado por la renombrada terapeuta familiar estadounidense Virginia Satir en los años sesenta y setenta. En mi formación como terapeuta aprendí que tanto las PAS como las no PAS pueden asumir muchos papeles en la infancia, ya sea de manera consciente o no. La lista siguiente muestra los roles con los que he visto identificarse a muchas PAS:

- El chico bueno
- El pequeño triunfador
- El angelito
- El payaso o bromista
- El independiente
- El rebelde

A continuación, se presenta una visión de cada uno de ellos, en la que se incluye lo que probablemente estemos buscando en cada rol y por qué. Léelos y observa si te identificas en especial con alguno de ellos, si sientes que los has desempeñado *conscientemente* o no.

El chico bueno equipara el hecho de ser encantador con ser bueno, de manera que cuando se hace mayor se convierte en el «buen amigo» o el «buen compañero». El problema es que nadie puede ser «bueno» o «encantador» todo el tiempo. Así que el chico bueno elimina todo lo que pueda considerarse malo de él y lo convierte a su vez en parte de su sombra *(véase* la explicación al inicio del capítulo 5). El chico bueno siempre busca la aprobación porque normalmente alberga el miedo subyacente de no ser lo suficientemente bueno.

El pequeño triunfador trabaja con mucho ahínco, ya sea en casa o en la escuela, como una forma subconsciente de ganarse la admiración o el elogio de sus padres para, de este modo, sentirse merecedor o amado, con lo cual refleja así su miedo a no recibir este amor. Por eso, la espontaneidad y el carácter despreocupado se esconden en su sombra.

El angelito es esa persona que siempre está dispuesta a ayudar en la familia, siempre está dando a los demás, sacrificando sus propias necesidades para hacerlos felices. A medida que se hace mayor, el angelito suele adoptar el papel de «salvador», que rescata o ayuda a los demás constantemente, hasta el punto de que suele acabar agotado. El impulso inconsciente del ángel de salvar a los demás es, en última instancia, una llamada para salvarse a sí mismo.

El payaso o bromista oculta su propia tristeza entreteniendo a los demás o mostrándose positivo y feliz la mayor parte del tiempo. La maniobra de encubrimiento empieza cuando el niño piensa que sus verdaderos sentimientos no son aceptables, sobre todo si su familia o la sociedad en su conjunto los consideran negativos, por temor a que alejen a aquellos que ama.

El independiente no deja que mucha gente penetre en su interior. Es muy autónomo, fuerte y actúa con gran madurez, pero tras esta fachada se esconden personas que suelen tener miedo de ser heridas porque no confían fácilmente en la gente. Ser demasiado independiente puede convertirse en un obstáculo para el amor cuando se hacen adultos.

Y en último lugar **el rebelde.** Son personas que se sienten poco amadas; se rebelan para alejar el amor, pero en el fondo su comportamiento es una llamada al amor. Normalmente se sienten muy heridas o temerosas, pero lo encubren haciendo un drama de todo o con comportamientos inaceptables.

Es importante aclarar aquí que todos estos papeles pueden, sin embargo, también ser parte *natural* de la personalidad de un niño. Por ejemplo, muchos niños pueden ser estudiosos *por naturaleza* y, por lo tanto, triunfadores, sin que eso sea una forma de buscar el amor o la admiración de sus padres. Muchos niños pueden ser graciosos por naturaleza y, por lo tanto, no usar el humor para encubrir sus sentimientos. Etcétera. Si no estás seguro de si has adoptado o no alguno de estos papeles, ya sea naturalmente o como encubrimiento de lo que considerabas carencias de tus años de juventud, te puede ayudar hacer un trabajo de desarrollo personal con un terapeuta para descubrir patrones de comportamiento o problemas subyacentes de la infancia que desconocías.

Las máscaras que llevamos habitualmente

Cuando una persona experimenta mucho dolor emocional o traumas en su vida, ciertas partes de su personalidad pueden «dividirse», a modo de mecanismo de seguridad. En psicología, a esto se le llama disociación. La persona no se siente completa, es como si le faltara algo. Las PAS parecen disociarse más fácilmente que las que no lo son, seguramente debido a los niveles de intensidad emocional que experimentan y a la profundidad del procesamiento. Pero hay otros factores como, por ejemplo, si han sido educados en una familia emocionalmente inaccesible, disfuncional, tóxica o maltratadora, que también pueden influir. Esta disociación puede tener como resultado que, a partir de sus experiencias pasadas y de ellos mismos, se formen pensamientos, creencias y sentimientos negativos, y también puede tener como resultado la creación de lo que se denomina, en términos psicológicos, el «ego herido». Un ego herido puede, a su vez, llevar a la creación de un falso yo para encubrir el miedo, la vergüenza o los sentimientos de impotencia o de desmerecimiento. El falso yo crea máscaras para ocultar el verdadero yo que hay detrás *(véanse* las páginas siguientes para obtener más información sobre las diferentes máscaras que solemos adoptar). Estas máscaras pueden crearse a cualquier edad, pero generalmente comienzan a formarse en la infancia cuando nos damos cuenta de las partes de nosotros y de nuestro comportamiento que se consideran aceptables y «dignas de ser amadas» por los que nos rodean. A veces pueden ser una progresión natural de los papeles que desempeñábamos en la infancia, aunque no siempre es así. Por ejemplo, una PAS que en la infancia adoptó el papel de pequeño triunfador puede terminar usando la máscara de gran triunfador de adulto como una forma de seguir recibiendo atención o de sentirse merecedor. Tal vez crean que es la única manera de tener cubiertas las necesidades más básicas (las seis necesidades humanas básicas se tratarán en el capítulo siguiente). Otro ejemplo sería el ángel, que podría terminar usando la máscara de mártir de adulto: ambas vinculadas al autosacrificio.

Tuve conocimiento por primera vez de los conceptos de máscaras y falso yo cuando estudiaba la obra de Carl Jung y Wilhelm Reich durante mi formación como terapeuta. Sin embargo, fue la escritora estadounidense de libros de autoayuda, *coach* y conferenciante Debbie Ford la que me ayudó a entenderlos mejor y a empezar realmente a identificar mis propias máscaras, gracias a su libro *Why Good People Do Bad Things,*[1] en el que las describió con gran elocuencia y que a continuación cito. Éstas son las máscaras con las que, según mi experiencia, las PAS suelen identificarse más. Hay un par de nombres que se han adaptado para los fines de este libro.

- El complaciente
- El mártir

_____

1. *Por qué las buenas personas también hacen cosas malas. (N. de la T.)*

- La víctima
- El triunfador
- El acosador
- El tipo duro
- El atrevido/seductor
- El superpositivo

¿Reconoces que quizás llevas alguna de estas máscaras? A continuación, te facilito más información sobre cada una de ellas para que puedas entenderlas mejor. Este tipo de conciencia puede iniciar el proceso de sanación y la eliminación de las máscaras en tu propio viaje hacia la autenticidad.

El complaciente: Esta persona se centra en ayudar y satisfacer las necesidades de los demás, y por lo tanto en tener a todo el mundo contento. Suele dejar de lado sus propias necesidades. Algunas frases típicas usadas por los complacientes son: «Ya lo hago yo», o «No, por supuesto que no me importa, me encanta ayudar». Son personas que siempre dan, y lo hacen hasta el punto de que agotan todo lo que hay por dar. También tienden a atraer a la gente que son «tomadores» en la vida (como personas que están muy necesitadas, o que son muy egoístas, narcisistas o avariciosas) porque debajo de su máscara tal vez se sientan inútiles e ineptas. A menudo sus propias necesidades no reconocidas se camuflan cuando se sienten necesitados por los demás. Para sanar, las PAS que son complacientes con los demás deben aprender a cuidar de sus propias necesidades primero, a fin de poder crear relaciones saludables, equilibradas y dar partiendo del querer y no del necesitar de modo subconsciente.

El mártir: Esta persona está ocupada salvando a los demás y sacrificando sus propias necesidades en el proceso, pero normalmente necesita expresarlo en voz alta para que todos sepan lo ocupada que está con este cometido. Algunas frases típicas que se pueden atribuir a los mártires son, «Si no fuera por mí, este sitio se iría al traste», o «No sé cómo se las arreglarán sin mí». La diferencia entre ellos y el complaciente es que el mártir quiere que sepas el peso que lleva sobre sus hombros. Puede llegar a estar tan absorbido por sí mismo que los demás terminan por cansarse de oír hablar de los sacrificios que hace, por eso, la gente suele evitarlo y lo dejan herido y con la sensación de que no se aprecian sus buenas acciones. Debajo de la máscara de mártir, este autosacrificio puede ser una forma de tratar de ganarse el respeto de los demás o la sensación de sentirse valorado por ellos. Las PAS que llevan la máscara de mártir pueden sanar este patrón mediante el reconocimiento de su propia valía.

La víctima: (*Nótese que aquí no se describe a víctimas de crímenes o abusos, sino que se está hablando sobre las máscaras que la gente* elige, *consciente o inconscientemente, llevar*). El portador de la máscara cree que no tiene ningún poder sobre nada ni nadie; piensa que le pasan cosas sobre las que no tiene control. Las PAS que llevan la máscara de víctima son la presa prioritaria de personas depredadoras como los acosadores o los sociópatas. Repiten todo lo que les ocurre, generalmente a tantos oídos comprensivos como sea posible, para inspirar la lástima que creen que necesitan. Lo que realmente están buscando es la atención, pero, como no lo reconocen, suelen quedarse atascadas en un complejo de «pobre de mí» para satisfacer esa necesidad, que sólo atrae a más gente o sucesos negativos hacia ellos. Cualquier PAS que utilice la máscara de víctima necesita trabajar la sanación de cualquier problema del pasado en torno a la falta de poder, con objeto de conseguir más autoempoderamiento y ser más responsable de las cosas que puede controlar.

El triunfador: Impulsado por el éxito, el triunfador es normalmente un adicto al trabajo o un perfeccionista cuyo objetivo absoluto es llegar a la cima. Sus éxitos aparentes pueden encubrir sentimientos de no merecimiento e, inconscientemente, esperan que estos logros externos les llenen más y les hagan sentir seguros interiormente. Para sanar, deben aceptar que lo que son en esencia es más importante que lo que logren.

El acosador: Esta persona utiliza el control, el poder, las amenazas o la intimidación para conseguir lo que quiere. Se alimenta de los que percibe como más débiles y utiliza su agresividad para controlar y dominar porque siente su miedo y lo emplea como su arma. Debajo de la máscara de acosador, hay una persona débil, insegura y cobarde con profundos sentimientos de inutilidad. Las PAS en general no suelen llevar esta máscara; sólo lo hacen unas pocas. En mi trayectoria profesional, he visto sólo algunos casos de presas PAS que en el pasado habían sido maltratadas o habían sufrido un trauma. Utilizaban esta máscara como estrategia de afrontamiento o para evitar que les volviera a ocurrir de nuevo. Para sanar, el acosador necesita buscar la propia aceptación de sus debilidades y vulnerabilidades y reconocer que en realidad se siente impotente.

El tipo duro: Esta máscara irradia una apariencia exterior fría, de una persona que claramente te dice que no le hagas enfadar. Son personas diferentes del acosador, ya que no se aprovechan activamente de las debilidades de los demás, sino que los atacan si se sienten amenazados. Se aíslan de sus sentimientos, se hacen una coraza y no les importan las reglas. Debajo de la máscara suele haber un niño triste, impotente o sensible que tal vez en sus primeros años de vida se sintió desgraciado, y que lleva una máscara para evitar que nadie entre en su interior y traspase su coraza. Para sanar, deben aceptar sus heridas, dejar entrar a los demás, trabajar la confianza y reabrir sus corazones al amor y la intimidad.

El atrevido/seductor: Esta máscara pertenece a una persona que se refugia en alguien que percibe como más poderoso que ella. Luego, aprovecha sus encantos para convertirse en el objeto de la atención de esa persona sirviéndose del amor o la lujuria como un disfraz para su necesidad de poder. La otra persona es colmada de atenciones como parte de un ritual de seducción enfocado exclusivamente a obtener lo que desea, que suele ser sexo (el portador de la máscara equipara esto al amor). Bajo la fachada de la confianza, esta energía a menudo depredadora está ocultando sentimientos de vacío, impotencia, de no ser lo suficientemente bueno y de no ser digno de ser amado. Para sanarse, el atrevido o seductor debe trabajar el amor por sí mismo y aumentar su autoestima.

El superpositivo: Estas personas siempre encontrarán algo positivo que decir, incluso en los momentos más inapropiados o cuando todo se esté desmoronando. No se permitirán expresar ninguna negatividad ni mostrar la menor insinuación de que las cosas no son perfectas en su vida; les asusta la idea de que, si lo hacen, tal vez se sientan tristes o deprimidas. Suelen ocultar sus verdaderos sentimientos detrás de una sonrisa forzada. Es difícil estar mucho tiempo cerca de personas superpositivas, porque todo acaba por parecer falso o poco auténtico y porque la negación de cualquier emoción negativa no es saludable. Debajo de la máscara, hay tristeza, rechazo por sí mismos y el sentimiento de que no pueden ser aceptados o amados tal como son. Para sanar, la persona superpositiva debe permitir y aceptar todos sus sentimientos y descubrir su auténtico ser.

En mi consulta privada, observé que bastantes PAS llevaban la máscara del gran triunfador y tenían arraigados fuertes patrones de autosuficiencia. Pero la mayoría utilizaba máscaras más ligeras, como la de los complacientes, que podrían subcategorizarse como «cuidadores», «rescatadores» y «dadores infinitos». Asimismo, constaté que muchas solían utilizar la máscara de la víctima, sobre todo porque las PAS tienden a huir de la confrontación y la ira o a causa del acoso que han sufrido.

Si eres una PAS, fíjate en las máscaras que llevas, cuándo y con quién. Si estás tratando de identificarlas en ti y te ves con ánimos, también puedes pedir opinión a los amigos y la familia que te apoyan. Otra opción posible sería iniciar algún trabajo de desarrollo personal con un terapeuta.

Aprender de nuestras máscaras

Dos de las máscaras más cómodas que me acostumbré a llevar a mis veinte y treinta años eran la de «solitaria» y la de «supermujer», que era la manera como yo designaba a las subcategorías de máscaras de gran triunfador y complaciente, respectivamente. Ambas eran máscaras muy independientes que proyectaban una imagen de una persona que no necesita nunca ayuda ni deja entrar nunca a nadie. Pero a los 24 años, me diagnosticaron EM/fatiga crónica y el universo me arrancó la máscara de supermujer como una manera de conseguir que bajara el ritmo y empezara a centrarme en mis propias necesidades. Por aquel entonces, yo estaba trabajando en un banco a tiempo completo, hacía de camarera los fines de semana y era madre de un hermoso niño de un año. Hasta ese momento, también había sido una prolífica «cuidadora» de los demás y vivía en un matrimonio infeliz. Empecé a recuperarme de la fatiga crónica en cuanto empecé a cuidarme más y también cuando rompí con aquel matrimonio y con mi patrón de complacer a todo el mundo.

Mis máscaras eran una manera inconsciente de cubrir mi vulnerabilidad y no dejar que nadie me hiciera daño otra vez. El problema es que hay personas con niveles más profundos de conciencia que pueden percibir lo que creemos que estamos encubriendo. Fue entonces que comprendí que el trabajo en la cárcel reflejaba partes de mi propia desconexión en aquel entonces. Las críticas internalizadas de ser demasiado sensible cuando era más joven buscaron una forma extrema de endurecerse, y mi necesidad interna de seguridad buscó refugio en el más inverosímil de los lugares: una cárcel de alta seguridad. A través de mi formación como terapeuta, logré descubrir que mi parte vulnerable quizás estaba buscando una fuerte energía protectora masculina en forma de funcionarios de prisión. Nuestros trabajos y otras situaciones en las que nos encontramos pueden a menudo ser un reflejo inconsciente de algo que necesita sanarse en nuestro interior.

La máscara de solitaria que había usado durante tantos años tras mi divorcio fue también una máscara que presencié una y otra vez cuando trabajaba con los presos. Conocer mis propias máscaras tan bien y lo que había debajo de ellas me permitió ver detrás de las máscaras de los demás y saber mejor cómo ayudarles.

Liberarse de las máscaras

Si deseas profundizar y aprender más sobre cómo reconocer tu lado oscuro o eliminar las falsas máscaras que puedas estar usando, te recomiendo los libros de la difunta Debbie Ford, que fue una de las principales expertas en el estudio y la integración de la sombra humana y la transformación personal *(véase* el apartado «Recursos adicionales» al final del libro).

Sin embargo, también me gustaría compartir contigo parte de un poema que solíamos utilizar con los presos en el departamento de abuso de sustancias, con la esperanza de que esto también te ayude en tu viaje. Para mí, este poema *(véase* a continuación) no sólo se relaciona con los que están dentro de los muros de la cárcel, sino que también puede conectar profundamente con las PAS que han creado sus propios muros internos de la cárcel como una defensa emocional.

Escucha lo que no te estoy diciendo
Te doy la impresión de seguridad,
De que todo es alegre y sereno en mí,
por dentro y por fuera,
[...]
Me horroriza pensar en la revelación de mi debilidad y mi miedo.
Por ello he creado frenéticamente una máscara para esconderme,
Una fachada indiferente y sofisticada,
para ayudarme a creer
que me escuda de la mirada que sabe.

Pero esta mirada es mi única salvación.
Mi única esperanza, y yo lo sé.
Lo será, si va seguida de aceptación,
si va seguida de amor.
Es lo único que puede liberarme de mí mismo
de las paredes de la prisión que yo mismo he construido,
de las barreras que tan concienzudamente erigí.
[...]
Cada vez que eres amable y dulce y alentador,
cada vez que tratas de comprenderme porque te importa,
se empiezan a formar alas en mi corazón,

alas muy pequeñas,
alas muy frágiles,
¡pero alas!
[…]
Lucho contra lo mismo que pido a gritos.
Pero me han dicho que el amor es más fuerte que los muros,
y en esto reside mi esperanza.
Trata de derribar esos muros
con manos firmes, pero con manos suaves,
porque el niño es muy sensible.

¿Quién soy yo, te preguntarás?
Soy alguien que conoces muy bien.
Porque soy cada hombre que conoces
y soy todas las mujeres que conoces.

CHARLES C. FINN

(La versión completa del poema en inglés se puede encontrar en el libro de Charles del sitio web: www.poetrybycharlescfinn.com).

No es fácil derribar los muros, quitar las máscaras. Y puede ser aún más difícil hacerlo en la cárcel, donde se atacará cualquier vulnerabilidad en cuanto ésta se muestre. Pero una y otra vez, a medida que iba aumentando la confianza, presenciaba cómo los presos más duros se quebraban y lloraban y quedaba expuesto así lo que había debajo de las máscaras, aunque fuera sólo durante esa sesión de una hora a la semana. Luego, al terminar la sesión, veía cómo se la volvían a colocar de nuevo y me preguntaban si alguien se daría cuenta de que habían estado llorando. Que haya alguien capaz de ver detrás de las máscaras e ir más allá de su comportamiento y acciones puede provocar un gran cambio en la gente. Así es como he podido ver la extraordinaria luz y esperanza que la bondad y la compasión aportan a aquellos que están sufriendo la oscuridad.

Es importante que pongamos tanta bondad y compasión en nuestras propias dificultades en cuanto que PAS como lo haríamos con las de los demás. Aprender a deshacernos de los roles y las máscaras innecesarios que a veces usamos implica comprender mejor las necesidades básicas que probablemente subyacen detrás de ellos. En el próximo capítulo, analizaremos las seis necesidades humanas básicas para que podamos aprender a satisfacerlas de la manera más saludable que sea posible, sin desperdiciar energía en tratar de fingir ser algo que no somos.

CAPÍTULO 6

Las seis necesidades humanas básicas

El modelo básico de las necesidades humanas fue concebido por vez primera por un psicólogo americano llamado Abraham Maslow. Se trata de la llamada «jerarquía de necesidades» y ya es un aspecto conocido e importante que forma parte de la psicología moderna actual. Su modelo admitía que los seres humanos tenían que satisfacer ciertas necesidades básicas antes de llegar a la realización personal (el cumplimiento o la materialización de nuestro verdadero potencial).

A partir de este modelo, el popular y controvertido *coach* estadounidense Tony Robbins identificó las «seis necesidades humanas básicas» que pueden ayudarnos a reconocer lo que impulsa nuestro comportamiento y a entender cómo la gente trata de satisfacer sus necesidades, ya sea de forma positiva o negativa. Como ya tratamos al inicio de este libro, muchas personas tienen lo que se llama, en términos psicológicos, un ego herido y se han creado un falso yo porque no han logrado satisfacer sus necesidades básicas, así que inconscientemente buscan hacerlo de otras maneras.

Las seis necesidades humanas básicas pueden dividirse en dos categorías.

Las primeras cuatro se clasifican como las necesidades de la personalidad:

- Seguridad
- Variedad
- Importancia
- Amor/unión

Las dos últimas son necesidades espirituales:

- Crecimiento
- Contribución

Aunque todos tenemos estas necesidades, algunas pueden ser más o menos importantes dependiendo de nuestros antecedentes y de las circunstancias y la época de nuestra vida. Por ejemplo, alguien que tiene seguridad material y financiera puede no tener una necesidad imperiosa de seguridad porque la mayor parte de sus necesidades básicas ya están cubiertas. Sin embargo, alguien que no tiene hogar ni trabajo consideraría esta necesidad como una prioridad. Veamos cada una de ellas con más detalle:

La seguridad: Es la necesidad de certeza, confianza y de sentir que se tiene el control. Es una de nuestras necesidades más básicas y es un mecanismo de supervivencia. Maslow lo relacionó con nuestras necesidades fisiológicas básicas como la comida y el refugio. Necesitamos seguridad para evitar cualquier estrés o dolor en nuestra vida, así como para ayudarnos a generar placer. Normalmente satisfacemos esta necesidad ganando dinero, teniendo un trabajo y un lugar donde vivir. Sin embargo, si absolutamente todo fuera seguro en la vida, nos aburriríamos, así que también tenemos la necesidad de variar.

La variedad: Nos permite experimentar sorpresas y desafíos, y crear el cambio enfrentándonos a lo desconocido de modo que nos sintamos más vivos, no como si meramente existiéramos. Podemos satisfacer esta necesidad de muchas maneras: teniendo aventuras, aficiones, círculos sociales variados o viajando.

La importancia: También tenemos una necesidad de importancia; todos nosotros queremos sentirnos especiales, importantes o necesitados, lo que contribuye a dar sentido a nuestra vida.

La mayoría de la gente suele sentirse importante a través de sus relaciones, ejerciendo de padres o madres o a través de su carrera profesional.

El amor/la unión: Esta necesidad es, en última instancia, lo que todos estamos buscando y es lo que más necesitamos. Satisface nuestra necesidad de intimidad, apego y aprobación. Somos en esencia seres sociales, por lo que buscamos nuestras necesidades de amor/unión a través de nuestras relaciones, amistades o a través de nuestras relaciones con los animales (nuestros animales domésticos).

Como habrás observado, cada uno de nosotros busca formas de satisfacer las necesidades de nuestra personalidad en nuestra vida diaria a través de nuestras relaciones, carreras, dinero y elecciones de vida. Pero no siempre es así cuando se trata de nuestras necesidades espirituales. Y si no las satisfacemos, es poco probable que nos sintamos realizados de verdad, lo que explica por qué a veces vemos a personas que *parece* que lo tienen todo, es decir, todas sus necesidades de personalidad han sido satisfechas y que, sin embargo, se sienten vacíos por dentro o sienten que no tienen un objetivo profundo en la vida. Ésta es la parte de la autorrealización de la que habla Maslow, lo que sucede si satisfacemos nuestras necesidades espirituales de crecimiento y contribución.

El crecimiento: A nivel espiritual y personal, necesitamos aprender, desarrollar y evolucionar a través del desarrollo personal para así tener más valor para dar a los demás. Puede tratarse del valor que percibimos nosotros mismos o los demás.

La contribución: Finalmente, queremos ser capaces de dar a los demás, ser de utilidad y lograr que nuestra vida tenga un significado. Lo hacemos sirviendo a los demás con alegría como parte de nuestro propósito y dando sin necesidad de obtener nada a cambio.

Satisfacer estas necesidades como PAS

Antes de analizar algunas de las formas en las que solemos encontrarnos con nuestras necesidades como PAS, me gustaría usar el ejemplo de un preso como alguien que podría satisfacer sus necesidades de personalidad de maneras bastante poco sanas.

Cuando un delincuente empieza a cumplir una condena, tiene sus necesidades básicas de **seguridad** satisfechas. Recibirá tres comidas al día y tendrá un techo bajo el que cobijarse, pero dentro de las cárceles hay un régimen estricto, lo que constituirá una prueba importante si una de sus necesidades imperiosas es la **variedad.** El pensamiento de que transcurra un largo período de tiempo y de repetir la misma rutina día tras día puede provocarle aburrimiento y frustración. Como consecuencia de ello, y con objeto de satisfacer sus necesidades de variedad, podría ocurrir que un preso causara problemas o altercados para intentar que le trasladaran a otra ala, o incluso a otro centro, para conocer gente nueva. Sus necesidades de **unión** normalmente están satisfechas porque está rodeado de gente con ideas parecidas a las suyas, que han cometido delitos, y su necesidad de **amor** normalmente viene de las visitas que recibe o de las llamadas telefónicas que mantiene con su familia. Sus necesidades de **importancia** pueden ser satisfechas jactándose de sus crímenes, o quizás organizando acciones de contrabando de drogas en la cárcel para luego suministrarlas a los adictos desesperados.

Por lo general, cuando llegan a la cárcel por primera vez, los delincuentes se centran más en satisfacer las necesidades de personalidad que en satisfacer las necesidades espirituales. Sin embargo, para muchos de ellos, asistir a programas de conducta, hacer programas de doce pasos o trabajar con psicólogos puede ayudarles a encontrar formas más saludables de satisfacer las necesidades de su personalidad y a crecer y contribuir a la sociedad de manera más positiva. Por lo tanto, este tipo de intervenciones puede ayudarles a satisfacer sus necesidades espirituales.

Entonces, ¿cómo, en cambio, podría una PAS tratar de conseguir satisfacer sus necesidades? Por supuesto, ellas también pueden hacerlo de forma saludable o poco saludable. Una forma poco saludable sería que la PAS llevara la máscara de complaciente y se dedicara a hacer a todos los demás felices y a satisfacer primero las necesidades de los demás, ya que, de este modo estaría inconscientemente tratando de satisfacer en primer lugar sus propias necesidades de personalidad no satisfechas. Tiene la seguridad de que gustará porque hará lo que la otra persona necesite que haga, y eso también le dará un sentido de amor o unión. Asimismo, se sentirá importante porque percibirá que *todos* quieren su ayuda y, como estará sumamente ocupada corriendo arriba y abajo, sus necesidades de variedad también serán satisfechas.

El inconveniente de complacer a la gente de esta manera es que la constante entrega de la PAS, o bien lleva a la decepción o al desgaste, especialmente si necesita ayuda a cambio y no la consigue. La PAS puede empezar a reconocer que muchas de sus relaciones son bastante desiguales en el sentido de que hay personas a quien ha ayudado que probablemente reaccionarán mal cuando ya no pueda seguir «complaciéndolas» y satisfacer así sus necesidades.

Ser adicto al trabajo puede ser otra forma malsana de las PAS para tratar de garantizar que se satisfacen sus necesidades. Dinero, trabajo con los colegas y un sentido de éxito pueden satisfacer la necesidad de seguridad, variedad, importancia y conexión, pero probablemente no dejan mucho tiempo para el amor. Además, puede ser que no estén haciendo el tipo de trabajo que en última instancia les apasiona más, lo que podría dejarlos sintiéndose vacíos o no realizados interiormente, y, por lo tanto, no satisfaciendo su necesidad de crecimiento o contribución.

Pero la buena noticia es que hay formas saludables de satisfacer estas necesidades. Las PAS complacientes podrían, por ejemplo, satisfacer esta necesidad participando en algún trabajo voluntario o en el cuidado de animales. Esto les permitiría sentirse más merecedores, apreciados y tal vez incluso amados, lo que podría ayudarles a dejar de lado las amistades interesadas, dejarles más tiempo para sí mismos y luego encontrar amistades o relaciones sentimentales más equilibradas.

Es útil que las PAS reflexionen sobre qué dos necesidades de personalidad de las cuatro identificadas anteriormente en este libro creen que impulsan más su comportamiento. Por ejemplo, las PAS que fueron educadas en una familia emocionalmente inaccesible, pueden reconocer el amor/unión y seguridad como sus dos necesidades más imperiosas, mientras que una PAS extravertida con una educación más sólida puede considerar la variedad y la importancia como las suyas. Sin embargo, es importante recordar que cada necesidad significará algo muy diferente para cada persona, así que plantéate de verdad lo que crees que significan tus necesidades básicas. Por ejemplo, la necesidad de seguridad puede significar seguridad financiera para una persona, pero seguridad emocional dentro de una asociación amorosa para otra.

Las necesidades que nos mueven pueden variar enormemente en diferentes momentos de nuestra vida. Por ejemplo, alguien en la edad de la jubilación puede estar menos enfocado en la importancia, ahora que está al final de su carrera profesional, y más enfocado a la variedad (como, por ejemplo, los viajes) o el amor y la conexión (como pasar más tiempo con la familia). En cambio, una persona más joven que acaba de embarcarse en su carrera profesional podría estar más enfocada a la importancia (en ganar reconocimiento en el trabajo, por ejemplo) y la seguridad (como obtener ingresos estables) especialmente si quiere, por ejemplo, irse de casa y subirse al tren de la propiedad. Las necesidades espirituales también serán una potente fuerza impulsora para muchas PAS. La búsqueda del crecimiento es lo que sanará a las PAS de muchas heridas del pasado y las llevará a su viaje interior para encontrar la plenitud (*véase* el capítulo 8). Y su tendencia a querer cambiar las cosas en el mundo hará que la contribución sea particularmente relevante. En el apartado 3 de este libro se tratarán con más detalle las necesidades espirituales experimentadas por muchas PAS.

Asimismo, puede ser útil para las PAS que reconozcan cuáles son las necesidades impulsoras de los *demás,* a fin de poder entender mejor el mundo *de ellos* y también el suyo *propio.*

Otra cosa importante que hay que tener en cuenta es que nuestras necesidades no satisfechas pueden afectar lo que nosotras, las PAS, atraemos a nuestra vida, cómo elegimos nuestras relaciones y cómo actuamos en estas relaciones, así que a continuación analizaremos esta cuestión.

CAPÍTULO 7

Lo que «atraemos» en la vida

La física cuántica ha demostrado que todos somos seres vibracionales que conectamos con nuestra propia frecuencia. Nuestra energía vibracional atrae hacia nosotros lo que está en la misma frecuencia de vibración: un concepto a menudo conocido en términos holísticos como la ley de la atracción. En términos sencillos, esto significa que «los iguales se atraen». Nuestros pensamientos son como un imán: emiten una frecuencia de vibración y atraerán hacia nosotros la misma frecuencia. Así, por ejemplo, si amas, respetas y te valoras y crees que te mereces una relación amorosa, es muy probable que atraigas precisamente eso. La ley de la atracción funciona al enfocar sistemáticamente tus pensamientos en lo que más deseas. Sin embargo, muchas veces, sin siquiera darnos cuenta, solemos centrarnos en lo que *no* queremos (lo negativo), en lugar de en lo que *sí* queremos (lo positivo), y éste es el motivo por el cual a menudo podemos terminar obteniendo lo que no queremos.

La ley de la atracción como un espejo

Es importante saber que la ley de la atracción es neutral cuando se trata de nuestros pensamientos y creencias. No analiza ni selecciona los que son positivos o negativos para nosotros. Simplemente reacciona a los sentimientos más fuertes o a las resonancias vibracionales. Dicho de otro modo, no atraes lo que *quieres*, atraes lo que *eres* o lo que *sientes*.

Con todo, no son sólo nuestros pensamientos y sentimientos conscientes los que atraen cosas hacia nosotros, sino también nuestro *subconsciente* o los pensamientos y sentimientos inconscientes. A esto también se le llama «reflejo empático», patrones o acciones recurrentes de nuestra vida nos muestran el reflejo de lo que está sucediendo a un nivel más profundo dentro de nosotros. En términos más sencillos significa que si subconscientemente pensamos que no somos dignos de ser amados, es más probable que atraigamos a una pareja que no nos ame plenamente (porque eso refleja la falta de amor que sentimos en nuestro interior).

Este proceso de «reflejar» puede aparecer en cualquier ámbito de nuestra vida, ya sea en relaciones sentimentales, amistades, salud, carrera profesional o incluso en el dinero. Pongamos por caso que nos gustaría tener seguridad financiera, o ser ricos, pero a nivel interno tenemos mentalidad de pobreza o sentimientos de no merecimiento. En ese caso, es poco probable que atraigamos dinero a nuestra vida, ya que estamos en desarmonía vibratoria con él, debido a que la frecuencia asociada con los sentimientos de no merecimiento es la de la carencia, mientras que la frecuencia de la riqueza está ligada a los sentimientos de abundancia.

Reconocer el «reflejo empático» en nuestras relaciones

El «reflejo empático» puede significar que atraemos el mismo tipo de personas o patrones de relación que en el pasado. Dado que nuestros padres y otros cuidadores suelen conformar nuestras primeras experiencias sobre el amor, es fácil atraer hacia nosotros de manera subconsciente el mismo tipo de patrones de relación que experimentamos con *ellos.* Por ejemplo, si alguien es educado por un padre inaccesible emocional o físicamente, a menudo atraerá a parejas inaccesibles cuando sea adulto. O si un niño crece en un hogar maltratador, las estadísticas demuestran que, por desgracia, muchos pueden terminar en una relación abusiva más adelante en la vida. Es como si el niño interior herido estuviera atascado vibratoria y emocionalmente a esa edad, buscando lo que no obtuvo de sus padres. Por lo tanto, en un nivel subconsciente, la ley de la atracción hace de espejo, o refleja, lo que no está sanado o resuelto en nosotros.

El reflejo empático más común para las PAS

En el capítulo 4, analizamos una serie de dificultades que pueden tener un efecto particularmente destacado en los patrones de relación de las PAS. Uno de ellos era el hecho de que muchas PAS han crecido haciéndose cargo de sus padres o de otros miembros de la familia, lo que, desde la perspectiva de la ley de la atracción, significa que pueden terminar atrayendo a parejas sentimentales con las que también desempeñen el papel de padres.

De manera similar, las PAS que nunca sintieron que encajaban en sus familias biológicas pueden terminar con parejas con las que la sensación de no estar en la relación correcta emerja de nuevo. Las PAS que tuvieron una infancia difícil y, por ejemplo, sufrieron maltratos, pueden atraer a parejas o amigos dominantes, a menos que se hayan enfrentado a sus dolores pasados y los hayan sanado. Y las PAS que hayan experimentado dificultades, tales como relaciones desiguales en la infancia (por ejemplo, debido a que son personas que dan naturalmente) es probable que experimenten relaciones y amistades desiguales en la edad adulta también. Y es que si sólo tienen capacidad para dar y no para recibir (recibir es la polaridad de dar), esto se reflejará en ellos atrayendo a su vida sólo a personas tomadoras, como gente narcisista o egoísta.

Cómo evitar el reflejo empático negativo

Para las PAS, encontrar un equilibrio entre polaridades como dar y recibir, o ser desinteresado y egoísta, ayudará a crear un cambio en su frecuencia vibracional que les permitirá empezar a atraer a sus vidas a personas que reflejen este equilibrio positivo. A continuación, te presento una lista de ejemplos en las áreas de la vida en las que he descubierto por mi experiencia profesional que las PAS suelen tener conflictos en particular junto con orientaciones sobre cómo encontrar el equilibrio.

- Equilibrio entre dar demasiado y no permitirse recibir: La clave está en aprender a valorarse a uno mismo.
- Equilibrio entre ser desinteresado y egoísta: Hay un punto medio entre los dos basado en el amor por uno mismo *(véase* el capítulo 10, quinta etapa).
- Equilibrio entre la codependencia y la independencia absoluta: La clave está en trabajar en la creación de una interdependencia saludable.
- Equilibrio entre no tener límites y ser demasiado controlador: La clave está en utilizar el buen criterio y crear límites más sanos *(véase* el capítulo 10, séptima etapa).
- Equilibrio entre ser sumiso y ser agresivo: La clave está en aprender a ser asertivo y a ser dueño de los propios sentimientos *(véase* el capítulo 10, sexta etapa).
- Sentirse impotente alrededor de gente poderosa: La clave está en el autoempoderamiento *(véase* el capítulo 10, séptima etapa).

Cómo se reflejan nuestra sombra y nuestras máscaras

Otra forma en la que el reflejo puede manifestarse en nuestra vida es proyectándonos partes de nosotros mismos que hemos rechazado y, sin querer, hemos empujado a nuestra sombra *(véase* el capítulo 5). Por ejemplo, muchas PAS que han reprimido o suprimido su propia ira en un intento de no disgustar a los demás pueden terminar atrayendo a gente muy enojada hacia ellos. O si las PAS siguen mostrando una apariencia falsa, seguirán emitiendo una frecuencia mixta en el campo vibracional, y atraerán así a personas que reflejan esta incongruencia desde la perspectiva de la ley de la atracción.

Para evitar caer en estas trampas y comenzar a atraer las relaciones positivas que todos queremos, es imprescindible que nos tomemos el tiempo necesario para mirar en nuestro interior, empezar a resolver las heridas del pasado, iluminar cualquier parte de nuestro lado oscuro y quitarnos las máscaras que nos hemos puesto.

Una analogía para la ley de la atracción

Como nota final de este capítulo, si deseas cambiar lo que atraes a tu vida, tal vez pueda servirte pensar en tus pensamientos como en una canción que se repite una y otra vez en la cabeza. En tus manos está elegir en cualquier momento si deseas que siga sonando la misma canción o si, por el contrario, prefieres cambiarla. Y si eliges cambiarla, podrás cambiar al mismo tiempo cómo te sientes, modificar tu frecuencia vibracional y permitirte atraer algo más inspirador y empoderador hacia tu vida.

Y si eres capaz de cambiar la canción (tus pensamientos) con amor, perdón, compasión y aceptación hacia ti mismo (en vez de con frustración, resentimiento, o sentimientos de no ser perfecto ni lo suficientemente bueno en términos de sensibilidad innata), entonces, podrás empezar a atraer a tu vida a personas que reflejan esas cualidades positivas, y que por lo tanto te tratarán con el respeto y el valor que te mereces.

CAPÍTULO 8

Una perspectiva del viaje
de las PAS hacia la plenitud

El objetivo de este capítulo es proporcionar un resumen útil del viaje que muchas PAS tal vez tengan que hacer para encontrar y aceptar su auténtico ser de nuevo. Es una hoja de ruta para que entiendas las diferentes etapas del viaje y para ayudarte a evaluar en qué punto del proceso, tanto tú como tus seres queridos, os encontráis. A aquellas PAS que hayan tenido dificultades particulares o traumas en la infancia, les aconsejaría que buscaran el asesoramiento de un profesional de la salud, como un terapeuta de EMDR, sobre todo en las primeras etapas (EMDR son las siglas en inglés para la desensibilización del movimiento ocular y terapia de reprocesamiento, y es un tratamiento especialmente efectivo para los traumas). Es para que puedas procesar y liberar cualquier emoción no sanada de manera segura y propicia.

He ayudado a muchas PAS llevándolas a este viaje de sanación, así que veamos todo lo que comporta. Basándome en mi experiencia terapéutica, suele constar de cuatro etapas:

Primera etapa: Enfrentarse al vacío interior

Las PAS suelen tener miedo de enfrentarse a su vacío interior, donde pueden albergar sentimientos profundos de abandono, rechazo, soledad, aislamiento, de sentirse perdidas o de sentirse diferentes. Por eso, se centran en las energías exteriores para ignorar el vacío interior. El yo de la personalidad o el ego podría centrarse en obtener la aprobación externa en forma de dinero, materialismo, relaciones, carreras, éxito o poder para cubrir este vacío. Pero sigue estando ahí, merodeando a tu alrededor, recordándote su presencia. La única manera de recuperar la persona que realmente eres es mirando hacia adentro en vez de hacia afuera y tomando conciencia de lo que hay dentro. Al tomar conciencia de lo que hay en la «oscuridad» o la «sombra» *(véase* el capítulo 5), estás llevando luz a la oscuridad y ayudando a que se disuelva. Este proceso lleva un tiempo, por supuesto, no se abre una puerta, se enciende una luz y ya ves todos los detalles de la habitación interior de golpe; debe ser inspeccionada. Lo único que tienes que hacer es estar *dispuesto* a mirar alrededor, hacer brillar la luz en cada rincón y ser consciente de tus miedos y las formas en las que el miedo te controla a ti y a tu vida.

Cuando llegas a este punto, te das cuenta de que las cosas que llenaban el vacío ya no lo hacen. Por ejemplo, puede ser que descubras que ya no compartes los mismos intereses ni tienes en común las mismas cosas con ciertas personas. Este proceso de soltar o liberar puede provocar conflictos internos, ya que para las PAS la lealtad es una virtud muy importante en las relaciones; les resulta muy difícil dejar ir a la gente, aunque estas amistades o relaciones sean psicológica o emocionalmente poco sanas. A pesar de que se dan cuenta de que no les hacen ningún bien, en su interior se desencadenan los sentimientos profundamente arraigados de abandono y soledad ante la idea de perderlas, lo que hace que se sientan peor que antes. Esta etapa puede ser tan difícil para muchas PAS que puede que vuelvan a antiguas estrategias o patrones de relación para hacer frente a la situación, porque el hecho de soltar las viejas formas de ser sin poder todavía caminar como un yo nuevo y auténtico les hace sentir como si estuvieran en tierra de nadie, lo que puede ser un lugar solitario y alienante.

Segunda etapa: Comprensión y sanación

Cada vez que se le dice a un niño lo que *se supone* que debe sentir, pensar o hacer (o a menudo «*no* sentir, pensar o hacer» en el caso de las PAS), sus verdaderos sentimientos y su verdadero ser se esconden más profundamente en las sombras. La mayoría de las veces, el niño interior herido retiene entonces todas estas emociones no expresadas en la edad adulta. Suele ser esta parte de nosotros que luego viene a llamar a nuestra puerta interior en tiempos de problemas, transición o simplemente cuando ya no podemos reprimir más las cosas. El niño interior herido está esperando ser escuchado, reconocido y acogido de nuevo como un viejo amigo que hemos perdido. Sin embargo, en lugar de responder para ver quién hay detrás de la puerta interior, mucha gente elige fingir que no oye los golpes. Algunos lo ahogan en la bebida o las drogas. Otros desarrollan trastornos alimentarios para eliminar a ese visitante desagradable que llama a su puerta interior para reclamar atención. Ojalá, en vez de tenerle miedo, nos diéramos cuenta antes de que ese persistente golpeteo puede tener la llave que nos conducirá a la paz interior y a la plenitud.

Así pues, la llave a la segunda etapa del viaje de una PAS de vuelta a la plenitud es estar dispuesto a escuchar y comprender tu dolor interior (y tu niño interior herido) sin quedarte atrapado en él. (De nuevo, si has sufrido traumas y abusos en el pasado, te recomiendo que busques el asesoramiento de un profesional capacitado para que te preste el apoyo necesario en esta etapa). Permitirte ser escuchado, oído, reconocido, apoyado, reconfortado y haber recibido compasión, empatía, comprensión y bondad amorosa es una de las experiencias más poderosas de la psique humana. Cuando te pones en contacto con tus verdaderos sentimientos, empieza el viaje del encarcelamiento a la liberación, de estar emocionalmente atrapado a ser emocionalmente libre. Eso es todo lo que el niño interior te está pidiendo realmente que hagas: reconocer y comprender cómo te sientes en realidad, y luego convertirte en el padre protector que necesitas.

Oigo a muchos padres de PAS hablar del amor que sienten por sus hijos, de cómo los cuidan y están pendientes de sus necesidades, sin embargo, no se permiten cuidar del mismo modo a su propio niño interior. Suelo preguntarles cómo reaccionarían si sus hijos de repente sintieran temor o miedo, ¿los ignorarían, los criticarían, los juzgarían o los regañarían? Naturalmente responden con afirmaciones como «Por supuesto que no, los tranquilizaría, los amaría o los abrazaría» y les digo que su propio niño interior está buscando la misma respuesta. Entonces empiezan a entender cómo sanar *sus* propias heridas. El niño interior necesita que *le* des el amor, la aceptación y el cariño que en última instancia necesita y merece. La aprobación de los demás no sanará nunca completamente el niño interior, sobre todo si crees que no eres digno ni merecedor de ser amado.

En esta etapa del viaje de sanación, es útil recordar que tú no eres tus emociones, no eres tus creencias, no eres la historia de tu pasado. Eres mucho más. Los roles que asumiste de niño eran sólo roles, no tienes que seguir representándolos. Las estrategias para hacer frente a los problemas que aprendiste para ayudarte a sobrevivir fueron útiles en aquel entonces, pero deben ser revisadas y actualizadas ahora que eres adulto para que puedas vivir más plena y auténticamente con la condición de PAS.

Tercera etapa: Sustituir el miedo por amor

Ahora que has reconocido tu dolor interno y has empezado el proceso de sanación, seguramente ya no tienes tanto miedo de mirar al vacío y descubrir lo que hay, porque estás dispuesto a enfrentarte a cualquier recuerdo o sentimiento doloroso que se esconda en las sombras. En términos de energía vibracional, estás pasando de las energías de miedo y separación del ego a las energías del corazón de autoaceptación, amor, compasión, perdón, equilibrio y unidad. En esta etapa empezamos a confiar (o aprendemos a confiar de nuevo), y a dejarnos llevar por el flujo de la vida, en lugar de tratar de controlarlo todo. El corazón no juzga las experiencias como buenas o malas, correctas o incorrectas; eso sólo lo hace la mente. Nuestro corazón siente, recibe amor, da amor, nos ofrece orientación y sabiduría desde la parte espiritual de nuestro ser *(véase* la tercera parte del libro para obtener más información al respecto).

Sin embargo, el amor por uno mismo puede ser una lucha particular para muchas PAS porque se sienten diferentes, no lo suficientemente buenas ni lo suficientemente fuertes en comparación con los que no tienen estas características (*véase* el capítulo 10). Así que es posible que algunas PAS tarden más en elaborar esta etapa del proceso de sanación. Hay varias cosas que podemos hacer para ayudarnos con eso: una es practicar la técnica de liberación emocional *(véase* el capítulo 12) para liberar el pensamiento basado en el miedo; otra es hacer un trabajo de limpieza de chakras, según se detalla en el capítulo 13; y la práctica de la atención plena (o *mindfulness)* o la meditación es otra.

Cuarta etapa: Vivir desde el corazón

Cuando empiezas a vivir desde el corazón y a confiar en tus sentimientos instintivos, escuchar sus susurros y actuar según lo que te dicen, empezarás a experimentar una mayor sensación de paz, confiar más y preocuparte menos. Descubrirás que no necesitas analizarlo todo en exceso. Y podrás entrar en el flujo de la vida, en lugar de luchar contra ella, lo que te abrirá oportunidades, sincronicidades y abundancia en cada estadio, donde todo lo que tienes que hacer es «permitirte» recibir.

En esta etapa, es probable que se produzca una apertura natural a tu naturaleza espiritual, lo que no significa necesariamente que de repente vayas a creer en Dios o en seres espirituales como, por ejemplo, los ángeles. Simplemente puede significar que sientas una conexión más profunda con la sacralidad de toda la vida: un sentimiento de unidad con todas las cosas. Las personas que están en esta etapa tienden a valorar especialmente la belleza y los poderes curativos de la naturaleza, y por eso encuentran muy placentero pasar el máximo tiempo posible al aire libre, ya sea caminando en bosques, junto al mar o en cualquier otro lugar que les ayude a sentirse en paz. La práctica diaria de la meditación o la oración también puede ayudarte a mantener una fuerte conexión con el corazón mediante la fuente de energía universal o divinidad.

Esta etapa del viaje también puede impulsar a las personas a satisfacer su necesidad de ayudar a los demás o devolverles algo («contribución»), así que, si sientes el impulso de ayudar a tus vecinos, donar dinero para una buena causa, ofrecerte como voluntario para tu comunidad local o cualquier otra cosa, entonces sigue este impulso.

Ser auténtico, ser tu verdadero yo, es en última instancia tu verdadero propósito en la vida. Es mi ferviente deseo que todas las PAS aprendan a abrazar y encarnar realmente su sensibilidad innata, dentro de sí mismos y dentro de este mundo. Tu propósito es vivir la vida haciendo lo que te haga sentir alegre, feliz, apasionado y pleno.

El apartado siguiente del libro ofrece algunas estrategias prácticas de autoayuda que harán que te enfrentes a ciertos aspectos de la condición de PAS de manera más efectiva.

SEGUNDA PARTE

LAS ESTRATEGIAS
DE AUTOAYUDA

Este apartado del libro presenta estrategias de probada eficacia que puedes integrar en tu vida cotidiana para superar los obstáculos más habituales derivados del hecho de ser una PAS. Empieza con un capítulo concebido para ayudarte a prepararte emocionalmente para trabajar en algunas de estas dificultades –una primera etapa vital en el camino de la sanación– y luego sigue presentándote una serie de técnicas que muchas PAS, incluida yo misma, encuentran muy valiosas para el manejo de su condición.

Encontrarás sugerencias sobre cómo desarrollar más amor por ti mismo y patrones para un mejor cuidado personal en tu vida cotidiana; recibirás información para aprender a lidiar mejor con la sobreexcitación cuando aparezca; aprenderás técnicas de *tapping* que te ayudarán a liberar la energía bloqueada (también conocida como técnica de liberación emocional o TLE); descubrirás técnicas de protección energética para evitar que los demás te absorban la energía y, por último, pero no por ello menos importante, te ofreceré una visión de las etapas características del duelo que te permitirán entender y gestionar mejor la pérdida cuando se produzca. Tengo la sincera esperanza de que, entre todas estas sugerencias, halles estrategias que te atraigan y te funcionen bien y te permitan así no sólo empezar a sentirte más cómodo con tu alta sensibilidad, sino a crecer con ella.

CAPÍTULO 9

Cómo depurar nuestros residuos emocionales

Es importante que las PAS reconozcan las heridas emocionales que han acumulado a lo largo de los años y que las han mantenido encarceladas a ciertos niveles y, por tanto, incapaces de dejar emerger su yo sensible y verdadero. Hasta que sanemos nuestro yo herido, nos veremos sumidos en estos «residuos emocionales»: algunos son propios y otros vienen de absorber las emociones de los demás.

En este punto puede ser de utilidad destacar que, en términos terapéuticos, se hace la distinción entre lo que llamamos sentimientos y lo que llamamos emociones. Los sentimientos se consideran susurros calmados e innatos que surgen del corazón e irradian sabiduría, que el cerebro procesa conscientemente y que no provocan ninguna reacción física en el cuerpo. Por lo tanto, son guías útiles si aprendemos a sintonizar realmente con ellos. Las emociones, por otro lado, están conectadas a nuestro cerebro y las sentimos en el cuerpo, con lo cual pueden causar reacciones físicas, tales como aumento de la frecuencia cardíaca y sudoración, por ejemplo.

No siempre entendemos nuestras emociones, y por eso a veces pueden alejarnos de nuestro centro o yo interior, especialmente en las épocas difíciles. Nos puede servir pensar en las emociones como energía en movimiento («e-moción»). Como el agua, son fluidos y fluyen. A veces fluyen plácidamente, sobre todo en los momentos de la vida en los que las cosas van bien, pero en otros a veces se enfurecen como un torrente y remueven todo lo que hay debajo de la superficie. Es natural experimentar una gran variedad de emociones en la vida. Pero las PAS se pueden sentir en ocasiones dominadas por las emociones, sentirse emocionalmente paralizadas, por ejemplo, o emocionalmente abrumadas debido a la combinación de la profundidad del procesamiento emocional y la intensidad emocional que forman parte de su condición.

Cómo procesar las emociones

Para entender cómo procesar las emociones de manera más efectiva, puede ser de ayuda comparar nuestro viaje emocional con el proceso que experimenta el agua hasta que puede ser consumida con total seguridad.

Una planta de tratamiento de agua recoge el agua de lluvia y la almacena en embalses. En la primera parte del proceso de selección se retiran las ramas y las hojas arrastradas para que no obstruyan el sistema. Y en la segunda parte del sistema de cribado, se eliminan las partículas que no se ven, primero pasando el agua por un depósito de arena gruesa y luego a través de grandes lechos de arena mucho más fina antes de almacenarla. Finalmente, se extrae a través de tuberías y estaciones de bombeo para su uso regular.

¿Cómo comparamos esto con nuestro viaje emocional?

A medida que nos hacemos adultos, acumulamos emociones diversas a partir de las distintas experiencias que vivimos. Y, como hemos visto, si somos PAS, estas experiencias suelen afectarnos más profundamente que a las personas que no lo son. En nuestro proceso de selección interna, deberíamos ser capaces de reconocer y atrapar primero los residuos evidentes que pueden atascar nuestros depósitos emocionales. Por ejemplo, «Fue su enfado, no el mío, así que lo atraparé y lo eliminaré».

Si todo está equilibrado, entonces, nuestras emociones deberían pasar por un sistema de filtrado interno compuesto por dos capas: el filtro del ego (que es como la arena gruesa) y el filtro del corazón (que es como la arena más fina).

El filtro del ego se basa en la personalidad, es decir, clasifica nuestras emociones dependiendo de nuestras experiencias pasadas, creencias, heridas, traumas y dolor. Y el filtro del corazón, que está conectado con la parte más sabia, más elevada o más intuitiva de nosotros, nos ayuda a llegar realmente al fondo de cualquier problema emocional, encontrar soluciones y arreglarlo en el origen.

Los problemas empiezan a aflorar cuando, sin saberlo, tenemos el segundo filtro cerrado (el filtro cardíaco) por las heridas del pasado, mientras todas las partículas invisibles que normalmente se procesarían durante esta etapa y empiezan a acumularse, pudrirse y crecer hasta que todo nuestro sistema emocional se ve afectado. Terminamos con residuos emocionales o «aguas residuales» en nuestro sistema que es invisible a los ojos, pero que se estanca, crea bloqueos o nos hace sentir mal. Experimentarás este sentimiento si la vida no fluye con placidez, te sientes «atascado» o sientes que las cosas se rompen o se desmoronan.

Es probable que el ego intente deshacerse de estos residuos de muchas maneras, como, por ejemplo, desahogándose con cualquier persona que le escuche, culpando a los demás o tratando de tapar las cosas, no haciendo caso de lo que hay, con la esperanza de que se desaparecerá por sí solo. Sin embargo, lo mejor sería regresar al origen del problema y comprobar en primer lugar si el proceso de filtrado doble funciona. Si no es así, adoptar medidas positivas –como practicar técnicas de *tapping* para desbloquear la energía estancada o cualquiera de los demás prácticos consejos de autoayuda que aparecen en los capítulos siguientes– podrá ser una estrategia para hacer que el filtro cardíaco vuelva a funcionar de nuevo y las aguas claras (nuestros sentimientos y emociones) fluyan libremente de nuevo y nos hagan sentir más ligeros y libres.

Sin embargo, pasar a la acción no siempre es fácil, pues hay que ser valiente para afrontar el dolor emocional almacenado. Y si los residuos o las aguas residuales se acumulan hasta el punto de desbordarse, pueden provocar un ambiente tóxico temporal que puede manifestarse de cualquier manera: desde enfermedades o crisis nerviosas hasta adicciones y autolesiones. Para la mayoría de las PAS, situaciones extremas como éstas pueden terminar siendo las llamadas de alerta que necesitan. Puede también ser la manera de que derriben los muros de protección que han construido a su alrededor a lo largo de los años y finalmente terminen por reconocer sus vulnerabilidades y buscar apoyo en las personas adecuadas, posiblemente en forma de asesoramiento profesional. En muchos casos, esta etapa puede impulsar el desarrollo y el crecimiento personal de las PAS.

CAPÍTULO 10

La solución de la autoestima

Como hemos oído muchas veces, hay muchas PAS que sufren de falta de autoestima o que no se valoran lo suficiente, normalmente porque se sienten imperfectas o diferentes. Si a eso le añadimos que deben enfrentarse a críticas y juicios sobre su sensibilidad, y a posibles maltratos o abusos relacionados con esta característica cuando eran más jóvenes, empezarás a entender por qué muchas libran grandes batallas con la autoestima.

La autoestima es la parte más importante del proceso de sanación para las PAS, junto con el cuidado de sí mismas y la satisfacción de sus seis necesidades básicas de manera más saludable (ya explicado anteriormente). Si son capaces de generar autoestima y valoración por sí mismas sin tener en cuenta las opiniones de los demás, las PAS lograrán consolidar su sentido del yo, lo que les proporcionará las creencias, la fuerza y el aliento para gestionar mejor su condición de personas con alta sensibilidad y aprender a celebrarlo de verdad.

Entonces, ¿qué es exactamente la autoestima? Para mí, es un estado de valoración de uno mismo que se genera a partir de acciones que apoyan nuestro crecimiento físico, emocional, psicológico y espiritual. La autoestima significa cambiar las limitaciones de creencias y pensamientos negativos que, a su vez, crean sentimientos y comportamientos negativos en uno mismo, y elegir en su lugar pensamientos más positivos y empoderadores. Éstos, a su vez, engendran más sentimientos de valor y autoestima, que originan comportamientos más protectores con uno mismo. Un hermoso círculo virtuoso.

Si sientes que eres una PAS a quien le convendría fomentar más la autoestima (que me parece que es lo que le ocurre a la mayoría de las PAS), pero no sabes por dónde empezar, seguir los doce pasos de este capítulo es un excelente punto de partida.

Primer paso: Dejar de compararte con los demás

Hay ocasiones en las que compararse con los demás puede servir para motivarse o para lograr resultados positivos, pero la mayoría de las comparaciones del estilo «Es mucho más inteligente/más guapo/más seguro de sí mismo que yo, etc.» sólo sirven para dejarnos la sensación generalizada de que no somos lo suficientemente buenos.

Siempre habrá personas que pensarás que son «mejores» que tú, lo que significa que compararte constantemente con los demás es perjudicial para tu autoestima. En lugar de esto, es más saludable trabajar para la aceptación de quién eres en tu interior. Recuerda que la autoestima no se basa en tu aspecto externo o en tus logros. La verdadera belleza es en realidad una cualidad interna. Algunas de las personas más bellas que conozco no son necesariamente atractivas según los estándares convencionales y superficiales de los medios de comunicación y, sin embargo, irradian belleza y luz de su interior.

Un punto particularmente importante para las PAS es dejar de compararse con las personas que no lo son. Un fresno nunca será un roble, pero sigue siendo un árbol hermoso y apreciado. Seamos o no seamos PAS, todos somos perfectos tal y como somos, así que celebra tu yo único y sensible: ¡eres fantástico! Una forma práctica de hacerlo es empezar todos los días con una afirmación positiva. Puedes buscarlas, crear las tuyas propias o usar el ejemplo siguiente: «Soy único. Abrazo mi sensibilidad y agradezco los regalos que me da a mí y a los demás».

Segundo paso: Eliminar la autocrítica

¿Eres consciente de que hay una voz en tu interior que te juzga, te critica o te regaña? ¿De que te hace dudar de ti mismo y te dice que no eres lo suficientemente bueno o capaz? Este crítico interior puede desgastarte y hacerte sentir deprimido o ansioso. También puede dañar tus sentimientos de autoestima. Entonces, ¿por qué existe esa voz?

En términos psicológicos, el crítico interior es una personalidad que subyace en nuestro ego (parte responsable de nuestro sentido de identidad personal). El ego tiene muchas personalidades subyacentes, y el crítico interior es una de las más clamorosas en personas con alta sensibilidad. La imagen de nuestro crítico interior suele formarse en nuestros primeros años cuando absorbemos por primera vez las proyecciones de los demás, los miedos, los juicios, las creencias y los comentarios negativos.

Como era de esperar, normalmente no nos gusta nuestro crítico interior; lo vemos como un enemigo de nuestro crecimiento personal. Por eso, muchas personas tratan de ignorarlo, mientras que otras lo reprimen activamente pensando sólo en positivo, por ejemplo. Sin embargo, ese tipo de cosas son sólo formas de silenciar la voz durante un tiempo; otra forma más efectiva de tratarla es hacerse amigo de ella. Consulta el siguiente recuadro para orientarte sobre cómo hacerlo.

HAZTE AMIGO DE TU CRÍTICO INTERIOR

Debes seguir estos siete pasos para iniciar el proceso de hacerte amigo de tu crítico interior:

1. Visualiza a tu crítico interior como un personaje; dale un nombre que refleje su personalidad tal como es ahora, por ejemplo, Rosa la quejosa, Amador el enjuiciador o Ada la pesada.

2. Dale a tu crítico interior la oportunidad de expresar todo lo que siente o piensa, y escribe las respuestas en un diario o regístralas para poder leerlas o repetirlas después.

3. Ahora relee o repite lo que se ha dicho. ¿Has oído estas palabras en otro lugar antes? ¿De quién son las voces que realmente escuchas? ¿Había un profesor en la escuela que solía llamarte tonto, o un jefe que decía que eras un desastre o que no eras lo suficientemente bueno? ¿Se trata de un juicio sobre tu comportamiento

procedente de tus padres, o de un comentario sobre tu aspecto de un amigo envidioso? Ser consciente de a quién pertenecen las voces que hay en tu interior te puede ayudar a discernir dónde y cuándo empezaron estas críticas.

4. A continuación, cuestiona la validez de estos pensamientos o creencias negativos. Por ejemplo, si tu crítico dice que eres tonto, ¿cómo es que terminaste logrando esta o aquella cualificación? Si eres un desastre, ¿cómo consigues un premio por tu buen rendimiento cada año? Si eres tan feo, ¿por qué recibes cumplidos sobre tu aspecto? Éstos son sólo algunos ejemplos —seguro que tú tendrás los tuyos propios— que te ayudarán a comunicarte con tu crítico interior desde un lugar de poder y no de desempoderamiento.

5. Ahora agradece a tu crítico interior por ayudarte a reconocer que esos pensamientos y sentimientos no son ciertos, independientemente de si se basan en opiniones y proyecciones de otras personas o en críticas propias. Agradece también a tu crítico que te haya hecho darte cuenta de que tienes que trabajar más el amor por ti mismo y la autoestima.

6. Ahora cambia el nombre de tu crítico para reflejar la nueva gratitud y compasión que le has estado mostrando, ya sea como Piero el mensajero, Dante el dialogante o Nora la alentadora. Imagina que abrazas esta parte de ti y le dices que el amor por sí mismo y la compasión empezarán a hacer que se sienta mejor y sane, así ya no habrá lugar para más críticas y juicios destructivos.

7. Comprométete con este viaje de autosanación conjuntamente, aunque haya una resistencia inicial: las amistades a veces pueden tener un comienzo difícil. Y recuerda, el crítico interior ha sido durante mucho tiempo una figura preeminente en tu cabeza; así que, ten paciencia, puede que tarde un poco en estar preparado para aceptar quedarse en segundo plano.

Repite todo el ejercicio periódicamente si tienes la sensación de que estás cayendo en viejos hábitos o si tu crítico interior vuelve a ocupar un lugar demasiado prominente. Mantente firme en la creencia de que eres único y valorado por lo que eres, y que, por lo tanto, eres merecedor de tu bondad para contigo mismo.

Tercer paso: Desarrollar la autocompasión

Hay muchos PAS que sienten y muestran mucha compasión por los demás y que, sin embargo, no pueden hacer lo mismo con ellos. Si lograras salir de ti mismo y de tu comportamiento, serías más consciente de cómo te juzgas, culpas, criticas o rechazas. Culparse, juzgarse y criticarse sólo lleva a consumirse y provocar odio por uno mismo. Por eso, en cuanto que PAS, te conviene eliminar esa actitud mediante la práctica de la compasión, el amor, la comprensión y la ternura contigo mismo. Las PAS que carecen de autoestima y que normalmente se humillan a sí mismas, deberían plantearse la pregunta de: «¿Trataría a mi pareja, hijos, amigos o a mis seres queridos como me trato a mí misma?». Si la respuesta es «no», haz un pacto contigo mismo para tratarte con más cariño.

Asimismo, hay muchas PAS que esperan demasiado de sí mismas. Fijarse metas realistas y alcanzables en lugar de objetivos que son imposibles o que provocan mucho estrés es una parte muy importante de la autocompasión y el amor por uno mismo. Si en estos momentos la vida te resulta muy difícil, la autocompasión significa saber que lo estás haciendo lo mejor posible en las circunstancias actuales y decirte a ti mismo: «Es todo lo que soy capaz de hacer ahora mismo, y está bien así».

Cuarto paso: Practicar el perdón

Perdonar a los demás puede ser un reto para las PAS. Debido a la profundidad del procesamiento emocional que experimentan, en lo más hondo de su dolor emocional puede haber dolor, mentiras y traiciones. Pero hasta que no se adentren en ese dolor para liberar las emociones a las que se aferran, no podrán perdonar totalmente.

He trabajado en muchas ocasiones con PAS que actúan como si hubieran perdonado a alguien por el mero hecho de que no les gusta tener malos pensamientos o sentir emociones negativas; suelen mostrar lo que yo llamo pseudopositividad en torno al perdón, pero en realidad no han hecho el trabajo profundo necesario para perdonar de verdad. Y así es como sus sentimientos no expresados se quedan retenidos en el cuerpo o en su sombra.

Hay varias etapas para llegar al perdón genuino y a perdonar de verdad.

Primero, debemos permitirnos sentir *cualquier* emoción que surja y encontrar un espacio seguro para expresarla. Lo ideal es dedicar un espacio terapéutico a ello en el cual se pueda hablar de cosas con un terapeuta cualificado; no es buena idea hacerlo con la persona que te ha hecho daño. En ese espacio seguro, podrás explorar lo que asoma debajo de las emociones que están emergiendo.

A continuación, determina cuándo has sentido esos sentimientos con anterioridad. ¿Detectas algún patrón común en ellos? Por ejemplo, si un amigo te ha decepcionado en el último momento y eso te provoca sentimientos de ira y frustración, piensa si recuerdas otras ocasiones en las que hayas experimentado los mismos sentimientos. Puede que haya una herida más antigua y profunda que vuelva a aflorar a la superficie en forma de recuerdo y te ayude a entender por qué sientes ese desmedido enojo con tu amigo. Comprenderlo te ayudará en el viaje hacia el perdón.

Ahora intenta observar la situación desde una perspectiva más amplia. ¿Podría el comportamiento de la persona que te hizo daño, o su situación, constituir un aprendizaje mayor? ¿Tal vez su mal comportamiento está influido por sus propios problemas del pasado? ¿Qué pasaría si sus acciones te brindaran la oportunidad de sanar un patrón muy arraigado? ¿Puedes sacar algún aprendizaje positivo de lo que ha pasado? Por ejemplo, si alguien te falta al respeto, tómate un momento para reflexionar sobre cómo te tratas a ti mismo. ¿Tienes que poner más límites con los demás? ¿Debes respetarte más? Si pasas por alto alguna de estas etapas, harás que el proceso de avanzar hacia un perdón genuino sea más costoso.

En este punto es importante decir que perdonar a alguien no significa que lo que haya hecho esté bien, sino que significa que *tú* ya no estás dispuesto a cargar con el dolor que te han causado. Se trata de una experiencia muy liberadora a muchos niveles. Pero perdonar no sólo significa perdonar a los demás, es también perdonarte a ti mismo. Todos hemos hecho cosas de manera consciente o inconsciente en el pasado que no sólo han herido a otras personas, sino que también nos han herido a nosotros mismos. Para desarrollar el auténtico amor por uno mismo, es indispensable perdonarte a ti mismo por tu comportamiento y acciones pasadas usando los mismos procesos mencionados para perdonar a los demás.

Quinto paso: Aprende a decir que no sin sentirte culpable

Casi todas las PAS con las que he trabajado se esfuerzan por decir que no a otras personas, especialmente si se les pone en un aprieto, o si piensan que una persona puede reaccionar mal ante una negativa. Parte de la razón de eso es la propensión natural de las PAS a querer ayudar a los demás, pero la falta de autoestima también puede contribuir a la causa. Como resultado de ello, las PAS a menudo experimentarán sentimientos de culpa o de egoísmo al rechazar a alguien, lo que significa que muchas veces dicen que sí incluso cuando se les pide que hagan algo que no quieren hacer. Y, por desgracia, entonces se sienten maltratadas y resentidas en su fuero interno.

Para una PAS, empezar a decir que no después de toda una vida diciendo que sí puede significar un paso enorme, pero necesitarás práctica para hacerlo. En primer lugar, tendrás que practicar el hábito de decir: «Te responderé en unos días», o «Volvemos a hablar de ello dentro de un tiempo», cuando te pregunten algo, hasta que poco a poco te vayas sintiendo más seguro para decir que no directamente. Otra sugerencia que puede ayudarte es preguntarte si *quieres* hacerlo, o sientes que *deberías* hacerlo. Si la respuesta es «deberías», significa que normalmente es un mensaje o una expectativa que viene de otras personas y que hemos aceptado e interiorizado, y está muy bien decir que no.

Sexto paso: Expresar tus sentimientos auténticos

Muchas PAS se esfuerzan por expresar lo que realmente sienten, ya sea por la profundidad de su procesamiento emocional o por el nivel de intensidad emocional que sienten. Para ellos, la respuesta se encuentra tanto en la posesión como en la expresión de cómo se sienten realmente y en el hecho de aprender a ser asertivos.

De nuevo, es algo que requiere práctica. Incluso cuando sabes racionalmente que tus sentimientos son válidos y que tienes todo el derecho a expresarlos, aprender a hacerlo correctamente sin sentir que puedes herir a otra persona es normalmente un dilema para las PAS, ya que no pueden soportar parecer desagradables y prefieren reprimir lo que sienten de verdad.

Ser asertivo significa estar dispuesto a ser dueño de tus sentimientos más íntimos y permitirte expresarlos de una manera segura y sana. Además, implica manifestar tus necesidades sin esperar que los demás las satisfagan. Es importante no preocuparse demasiado por el resultado.

Si una PAS tiene en su entorno a alguien que se dedica a hacerle comentarios sarcásticos, una forma asertiva de decirle cómo le hace sentir sería decir algo parecido a «Me siento molesta cuando haces esos comentarios sarcásticos. No es agradable, lo encuentro muy hiriente». De este modo, no le estás diciendo «No *eres* agradable. Me *haces* sentir muy incómodo con tus comentarios sarcásticos». Así, eres dueño de tus propios sentimientos y no estás culpando a la otra persona, en su lugar, simplemente estás exponiendo cómo te sientes.

Séptimo paso: Establecer los límites

Crear límites saludables es un acto de amor por uno mismo. Significa que sabes y entiendes cuáles son tus límites a nivel físico, emocional, mental y espiritual. Tómate un momento para pensar en las cosas que soportas por falta de límites. ¿Cuántas veces sientes impotencia o que se aprovechan de ti? Si, para ti, los límites saludables no están donde deben, corres el riesgo de verte atrapado en los dramas de otras personas o de ser tratado mal o sin respeto. Pero recuerda que el mal comportamiento de los demás hacia ti sólo continuará si tú lo permites.

Es posible que a las PAS les resulte difícil poner límites y, como resultado de ello, a veces dejan que entre en su vida el tipo equivocado de personas. Eso suele ocurrir porque entregan su poder y atraen así el control o la dominación de las personas, o porque no se sienten bien al rechazar a los demás y terminan con personas que pueden manipularlos o absorberlos emocionalmente. Además, suelen ver más allá del mal comportamiento y no quieren herir los sentimientos de la gente, pero eso no significa que tengan que tolerar comportamientos inadecuados. Puedes poner límites saludables con amabilidad y cariño si tienes amor por ti mismo.

Las PAS a menudo comentan que los demás se aprovechan de su amabilidad, pero la amabilidad con límites bien definidos es la combinación ganadora. Trabajando en una cárcel, tuve que aprenderlo enseguida, puesto que a veces tenía que reforzar los límites con los funcionarios recordándoles durante nuestra conversación cosas del estilo «No confundas mi amabilidad con debilidad». El amor por uno mismo y el autoempoderamiento son clave cuando se trata de aprender a establecer límites. Sin embargo, si los demás siguen sin respetarlos, al final puede que tengas que sacar a esas personas de tu vida. Éste es otro acto de amor por ti mismo, y un acto que además planta una semilla de conciencia en las personas interesadas en cómo se trata a los demás. Poner límites, en general, hace que los demás también te respeten y te valoren más.

Empieza a practicar este consejo poniendo algunos límites. Prueba con algo sencillo, como decirle a tu pareja o hijos que tomar un baño es un rato de «no molestar»; de este modo, podrás tener algo de espacio, disfrutarás de unos momentos de relajación y lograrás reducir la sobreestimulación. Arañar así pequeños instantes de tiempo y espacio para ti mismo te brindará enormes recompensas y alimentará generosamente la espiral ascendente de cuidarte y sentirte más seguro cuando tengas que establecer otros límites más amplios.

Octavo paso: Sanar tus adicciones

Ser una PAS en un mundo de no PAS puede ser muy difícil. Por eso, muchas de ellas tienen problemas con algún tipo de adicción, que suelen utilizar como válvula de escape de las presiones que sienten, por ejemplo, comer para consolarse, beber, utilizar drogas, el sexo, jugar, abusar de la cafeína, ser un adicto al trabajo o una persona dependiente; todas ellas son formas de insensibilizarse del mundo exterior sólo temporalmente.

Si sufres de algún tipo de adicción y quieres cambiar o romper los patrones, entender y resolver el ciclo de modelo de cambio que te indicamos a continuación podrá ayudarte. Es un modelo utilizado en los servicios de atención contra la adicción, pero puede aplicarse a cualquier cambio que queramos hacer en nuestra vida.

Elaborado por los psicólogos Prochaska y Di Clemente en los años setenta, es un ciclo de siete etapas que deberá repetirse tantas veces como sea necesario y que ayudará a las personas a cambiar en cuanto comprendan cuáles son sus desencadenantes emocionales y pongan en marcha estrategias efectivas de afrontamiento para abordarlos.

Usaré la adicción al alcohol para explicar cada etapa, pero puede sustituirse en el ciclo por cualquier sustancia o patrón de comportamiento (por ejemplo, comer para consolarse). Las siete etapas son:

1. **La etapa de la precontemplación.** Es la fase en la que eres consciente o no o niegas que la bebida es un problema, o no has pensado que estás bebiendo mucho ni te has planteado si lo haces con frecuencia.

2. **La etapa de la contemplación.** Es la fase en la que empiezas a pensar o a tomar conciencia de tus patrones. Tal vez empieces a darte cuenta de las botellas de vino vacías que hay en el contenedor del vidrio para reciclar al final de la semana. O tal vez algunas personas te hagan comentarios sobre tu afición por la bebida o tu dependencia del alcohol. Puede ser que a ti no parezca que es un problema, pero si estás bebiendo por encima de los límites recomendados, tu salud comenzará a resentirse y eso se convertirá en un problema. Si tienes problemas de dinero porque gastas mucho en bebida o faltas al trabajo porque estás con resaca, también será un problema. En esta etapa algunas personas volverán a la precontemplación o la negación porque no están preparadas para enfrentarse y cambiar su patrón.

3. **La etapa de la preparación.** Sin embargo, si queremos cambiar de verdad, pasaremos a la etapa de la preparación. Ocurre cuando una persona sopesa los pros y los contras de continuar con su hábito. Los pros de beber para las PAS pueden ser: «Me hace sentir mejor, me ayuda a relajarme, me impide absorber la energía de los demás, me desinhibe», etc., pero los contras pueden ser: «Al día siguiente me siento fatal, estoy más deprimida (y por lo tanto necesito más bebida para obtener el mismo efecto), tengo un comportamiento dañino o peligroso cuando estoy borracha, siento más las energías negativas», etc. Empezarás a ver que la mayoría de los pros son parches temporales a corto plazo. Puede ser también que empieces a tener conciencia de que *todos* están vinculados a tus emociones y sentimientos. Lo que hacemos con las sustancias adictivas es intentar cambiar la forma de sentirnos y nuestros patrones de comportamiento para tratar de satisfacer nuestras necesidades. Pero tenemos que encontrar formas más sanas de hacerlo. También tenemos que decidir por nosotros mismos en este punto, si queremos reducir los daños o practicar la abstinencia. Reducir los daños puede significar simplemente disminuir la ingesta de bebidas, en particular si te está provocando problemas de salud. La abstinencia significaría frenarla por completo.

4. **La etapa de la acción.** Ésta es la parte más importante del ciclo porque es crucial para su éxito. Se trata de estrategias de afrontamiento. En lugar de tomarte un trago si te apetece relajarte, ¿qué podrías hacer? Tal vez podrías probar de tomar un baño caliente con aceites esenciales, o podrías aprender *mindfulness* o meditación. Si estás triste y la bebida te hace sentir mejor, puedes decidir hacer algún trabajo de desarrollo personal con un terapeuta para analizar la causa de tu infelicidad e intentar resolverla en lugar de ocultarla.

5. **La etapa del mantenimiento.** Es la etapa en la que vives tus cambios con coherencia y utilizas estrategias de afrontamiento más saludables y positivas. Si has decidido reducir los daños y has logrado disminuir la cantidad de bebida que ingieres de manera significativa, o si has decidido ser abstemio y llevas seis meses o más sin beber nada, es probable que hayas cambiado tu patrón y seas capaz de abandonar el ciclo.

6. **La etapa del desliz.** Con todo, lo que suele suceder cuando estamos tratando de cambiar es que cometemos un desliz y caemos. Algo se interpone en nuestro camino. Un mal día, un duelo, la pérdida de un trabajo o el final de una relación son sólo algunos de los principales acontecimientos de la vida que a todos nos afectan. Pero lo importante de esta etapa es no sentir que has fracasado. Un desliz es un incidente temporal, y si puedes identificar los factores desencadenantes, entonces podrás volver a la etapa de acción e incorporar algunas estrategias de afrontamiento nuevas o más fuertes para lidiar con los sentimientos que se han desencadenado. Podrías unirte a un grupo de apoyo, hacer algo de ejercicio, ir a pasear por la naturaleza o llamar a un amigo. También podrías intentar, por ejemplo, practicar un poco de *tapping (véase* el capítulo 12), hacer algo creativo, rezar, meditar, ir a bailar o ver una comedia; cualquier cosa que sirva para transformar tu emoción en un estado positivo. Si estas nuevas acciones funcionan, habrás vuelto a la etapa de mantenimiento. Y si has aprendido cuáles son tus desencadenantes y cómo lidiar con ellos de manera efectiva, podrás abandonar el ciclo de nuevo.

7. **La etapa de la recaída.** Sin embargo, si la gente no reconoce que los deslices son sólo incidentes que deben ajustarse con estrategias de afrontamiento nuevas, la siguiente etapa puede ser la recaída. Los viejos pensamientos y creencias vuelven a aparecer y afloran los modelos de autosabotaje. «¿Cuál es el objetivo?» y «¿A quién le importa?» son los comentarios habituales en la etapa de la recaída. Los adictos suelen abandonar en esta etapa el ciclo de cambio porque lo ven como un fracaso y vuelven a las antiguas prácticas. Pero con amor por sí mismos, compasión y tal vez algo de apoyo externo, no tendrán que hacerlo. Sólo tienen que empezar de nuevo, entrar en la etapa de la preparación y volver a entrar en el ciclo de nuevo. En el caso de una adicción en toda regla puede ocurrir 10, 20, 30 o incluso 100 veces, pero cada vez que una persona completa un ciclo, se hace más consciente de los factores desencadenantes, las creencias, los patrones y otras cuestiones subyacentes y, lo que es más importante, de otras maneras de enfrentarse a sus sentimientos.

Recuerda también que hay muchas agencias locales y nacionales que pueden ayudarte y apoyarte en la adicción; te animo a que te pongas en contacto con ellas si crees que tienes un problema de este tipo.

Noveno paso: Cuidarte

Cuidar significa prestar atención a tus deseos y necesidades diarias. El acto de cuidarse requiere darse ternura, cuidado amoroso para poder crecer y florecer a todos los niveles del ser: física, emocional, mental y espiritualmente.

Por ejemplo, si te duele el cuerpo, cuidarte sería sumergirte en un baño caliente relajante, frotarte el cuerpo con algunos aceites de aromaterapia y acostarte temprano para disfrutar de un sueño relajante, en el cual el cuerpo pueda rejuvenecerse. No lo sería no hacer caso al cuerpo, empujarte a ti mismo más allá de tus límites o seguir con las tareas domésticas hasta después de la medianoche. Haz un trato para hacer algo agradable por ti mismo cada día, aunque sólo sea tomarte tiempo para cocinar una buena comida, escuchar tu música favorita, permitirte algún capricho o ir a dar un paseo por el parque.

Décimo paso: Encontrar el equilibrio y la armonía en todos los niveles del ser

Para lograr la plenitud y el amor por uno mismo tenemos que equilibrar y armonizar nuestros cuatro aspectos: el cuerpo, la mente, las emociones y el espíritu. Para explicarlo en términos más simples, imagínate a ti mismo como una cometa. Todos los lados son iguales, representan los aspectos físico, mental, emocional y espiritual de uno mismo. Necesitamos trabajar todos estos aspectos para mantenerlos equilibrados, para que la cometa siga volando correctamente.

Una de las maneras más fáciles de hacerlo es a través del ejercicio, ya sea caminar, nadar, correr o dar una clase que te guste; el ejercicio es una gran manera de lograr el equilibrio porque ayuda a nuestro cuerpo físico. Esto libera las endorfinas o las hormonas para «sentirnos bien», que luego contribuyen a nuestro bienestar mental y emocional. Ciertos tipos de ejercicio como el yoga y el taichí también son beneficiosos para nuestra vertiente espiritual, igual que el *mindfulness* o la meditación. Otra gran manera de equilibrarte mejor es acudir a una sesión curativa con un sanador espiritual acreditado o un profesional del reiki. Y es que la sanación funciona en todos los niveles del ser.

Undécimo paso: Utilizar afirmaciones positivas

En términos sencillos, este tipo de afirmaciones consisten en entablar un diálogo positivo con uno mismo. Se trata de decidir conscientemente cambiar las palabras que se utilizan y los pensamientos, que a su vez cambiarán los sentimientos y en última instancia la realidad propia. Son también una manera de modificar las creencias negativas sobre ti mismo que se han ido formando con los años a partir de los patrones habituales de pensamiento.

Cuando las personas empiezan a verbalizar afirmaciones positivas, al principio pueden sentirlo como algo engañoso, pero no es más que la voz del ego autosaboteando sus esfuerzos por cambiar. Tú sigue repitiendo las afirmaciones positivas y verás como cada vez te sonarán más naturales. Consulta más adelante diversos ejemplos de viejas creencias/pensamientos negativos y las maneras de empezar a transformarlos en afirmaciones positivas. Los pensamientos están en la columna de la izquierda y las afirmaciones están a la derecha.

Duodécimo paso: Usar el buen criterio

Muchas PAS se debaten entre ser demasiado confiadas y no confiar en nadie. Ser demasiado confiado y no hacer caso de las dudas constantes que sientes hacia alguien puede provocarte una enorme angustia. Y entonces puede producirse un giro repentino y acabar por no confiar en nadie al haber sufrido en el pasado un daño, herida o traición. Esto las cierra a ser receptivas y a dejar entrar en su vida a personas o experiencias maravillosas. El amor por uno mismo va de confiar en tu propia intuición. Si cuando estás con alguien se dispara en tu interior una señal de advertencia o una alarma o sufres una fuerte reacción corporal negativa, escucha ese aviso. La intuición es tu sabia guía interior y suele hablarte a través de tus sentimientos, no de tus emociones. Si tienes cierto sentimiento respecto a alguien y no sabes explicar por qué, seguramente sea una corazonada y debes confiar en ella. El buen criterio es la clave para la confianza y forma parte del amor por uno mismo.

Ésta es mi guía introductoria para empezar a practicar más el amor por ti mismo. Espero que la encuentres muy útil; pretende ayudarte a sentirte más cómodo y auténtico siendo tu yo hermoso y sensible. En los capítulos siguientes, abordaremos algunas de las técnicas para que puedas gestionar mejor los efectos de la sobreexcitación cuando aparece.

De los pensamientos negativos
a las afirmaciones positivas

No soy lo suficientemente bueno.	Elijo sentirme bien conmigo mismo.
Estoy siempre sin blanca.	Estoy abierto a la prosperidad financiera.
Nadie me quiere.	Soy digno de ser amado. Cuanto más aprendo a quererme a mí mismo, más atraigo a personas encantadoras a mi vida.
No sé qué hacer.	Confío en mi intuición. Cada decisión que tomo al escuchar a esta sabia parte de mí es la decisión correcta.
No encajo/estoy fuera de lugar.	Atraigo a personas con ideas afines a mi vida con las que me identifico. Me acepto a mí mismo y abrazo las diferencias y las similitudes con los que me rodean.
Me siento siempre agobiado.	Estoy aprendiendo a escuchar a mi cuerpo y a mis propias necesidades. Elijo cuidarme.
¿Cómo me han podido hacer esto a mí? ¡No los perdonaré nunca!	Elijo liberar todo mi resentimiento, daño y dolor.

CAPÍTULO 11

Cómo tratar la sobreexcitación y sus consecuencias

Cuando las PAS experimentan un exceso de estimulación, su sistema nervioso sensorial entra en un estado de sobreexcitación o se «agobian». Las glándulas suprarrenales y el sistema nervioso simpático se activan y se desencadena su respuesta automática de «lucha, huida o parálisis», que puede provocar una aceleración del ritmo cardíaco, sudor, angustia, un nudo en el estómago o incluso un ataque de pánico. Si este agobio persiste y se vuelve crónico, puede llegar a convertirse en estrés grave. Las PAS tienen que prestar atención a su cuerpo antes de llegar a su límite para no correr el riesgo de caer en el agotamiento, un estado que suele producirse como consecuencia de los niveles elevados de cortisol que producen constantemente las glándulas suprarrenales, lo que puede provocar trastornos del sueño, insomnio, fluctuaciones del peso corporal, angustia, depresión y letargo. Cuando, como consecuencia del agobio, se llega a la fatiga adrenal, las PAS también pueden ser susceptibles de desarrollar fatiga crónica o fibromialgia.

He luchado contra la sobreexcitación y la consiguiente fatiga adrenal durante buena parte de mi vida. A ello han contribuido numerosos factores y por eso he padecido numerosos problemas de salud. He aprendido que hay que reconocer los factores desencadenantes de cada uno y contar con estrategias para hacerles frente, en lugar de limitarse a esperar a que se produzca el problema para atacarlo.

Desde que conozco lo que es ser una PAS y trabajo con personas que tienen estas características, he encontrado muchas maneras eficaces de gestionar mucho mejor la sobreestimulación y la sobreexcitación y sus consecuencias. He compartido estas estrategias con pacientes PAS y a ellos también les resultan útiles.

Las estrategias

En primer lugar, vamos a hablar de algunas estrategias sencillas para reducir o prevenir el agobio.

1. El método ECH

«ECH» quiere decir «evitar, controlar o huir». Es una estrategia sencilla pero eficaz, adaptada del departamento de atención a la drogadicción del centro penitenciario en el que trabajaba. Es verdaderamente útil cuando vas a alguna parte o tienes que hacer algo que sabes que probablemente te afectará de forma negativa o que sobreestimulará tu sistema nervioso. Según el modelo ECH, si no tienes que ir, simplemente **evítalo**. Sin embargo, hay muchas situaciones, como vacaciones, fiestas, conciertos, bodas o reuniones de trabajo o familiares que no podemos o no queremos evitar. En estos casos, tenemos que establecer estrategias que nos permitan **controlar** la sobreestimulación: por ejemplo, planear por anticipado tomarnos un descanso de la situación, como salir a tomar el aire o aislarnos un rato. El entorno laboral es, por definición, difícil de evitar y puede ser más difícil de controlar, y por eso recomiendo a las PAS que hagan frecuentes pausas en el lavabo, que suele ser el único lugar en el que pueden estar solas unos minutos y poner en práctica algunas de las otras estrategias que se mencionan en este capítulo. Por último, si no puedes controlar el entorno ni la situación, permítete **huir** cuando lo necesites. Márchate de la fiesta, búscate otro trabajo, cambia tu entorno. Es correcto que no soportes algo que te va a provocar sobreexcitación y que no te exijas todo el tiempo más de lo que puedes hacer. Después de todo, tu propio bienestar es tu prioridad.

2. *Tapping*

También conocido como «técnica de liberación emocional», el arte del *tapping* es una manera fantástica de calmar la sobreexcitación y de impedir que las cosas te abrumen. Lo practico siempre que lo necesito y me resulta inapreciable. Fundamentalmente, consiste en darte golpes suaves con dos dedos en varios puntos de presión situados en las manos, la cara, la cabeza y las clavículas, para ayudarte a procesar y a liberar mejor tus emociones. Se describe en detalle en el próximo capítulo. Cuando lo practiques en caso de agobio, empieza a darte golpecitos, diciendo «Aunque ahora me siento totalmente abrumado y sobreestimulado, me acepto a mí mismo y lo que siento».

3. Concentrarse en la respiración

Va muy bien adquirir la costumbre de tomar conciencia de lo que ocurre con nuestra respiración cuando estamos sobreestimulados. Es probable que adviertas que tiendes a hacer respiraciones cortas o que, incluso sin darte cuenta, contienes la respiración. Si descubres que contienes la respiración, concéntrate en soltarla. Si eres de los que hacen respiraciones poco profundas, concéntrate en inspirar y espirar desde el fondo del abdomen. (Si alguna vez te encuentras hiperventilando, coge una bolsa de papel, colócatela delante de la boca e inspira y espira dentro de la bolsa, hasta que el ritmo de tu respiración recupere la normalidad). Es fácil subestimar las consecuencias del trabajo de respiración, pero es una de las mejores estrategias para reducir la sobreexcitación y aumenta los niveles de oxígeno en la sangre.

4. Tomar contacto con la naturaleza

La naturaleza nos brinda el mejor tratamiento del mundo contra la depresión y la angustia y también es una de las mejores maneras de reducir el agobio para las PAS. Ya sea pasear por un parque, pasar tiempo en un bosque o junto al mar o escalar montañas, la naturaleza contribuye a disminuir el nivel de estrés y a mejorar nuestro bienestar en general.

5. Caminar descalzos (la conexión a tierra o *grounding*)

Nuestro cuerpo está recorrido por sistemas eléctricos, de los cuales los dos más poderosos son el corazón y el cerebro. Todos los sistemas eléctricos tienen que estar conectados a tierra. Lamentablemente, como casi siempre llevamos zapatos, estamos desconectados de la mejor herramienta de conexión a tierra de la que disponemos: ¡la Madre Tierra! Caminar descalzos sobre la hierba, la tierra o la arena, aunque sólo sea diez minutos, permite el flujo de electrones entre tu cuerpo y la Tierra e introduce en el cuerpo iones de carga negativa, que el cuerpo necesita. Conectarse con la Tierra de esta manera también descarga los campos electromagnéticos procedentes de objetos como los teléfonos móviles, el wifi y los ordenadores. En sus conferencias sobre electromagnetismo, el premio nobel Richard Feynman lo llamaba el «efecto paraguas». En términos sencillos, describe que los campos electromagnéticos que nos rodean por todas partes se pueden considerar la tela del paraguas, nuestro cuerpo físico es el bastón y los pies (que descargan los campos electromagnéticos al suelo), el asa.

Los investigadores en este campo que están llevando a cabo ensayos clínicos preliminares han informado de importantes mejoras para la salud y beneficios para las personas que caminan descalzas. Como el cuerpo usa electrones libres para reequilibrarse, esto ayudaría a los sistemas nerviosos sensoriales de las PAS a reducir la sobreexcitación. Las personas que tienen menos movilidad o que viven en ciudades y tienen poco acceso a la naturaleza pueden comprar en Internet alfombrillas de *grounding* o *earthing*.

La conexión a tierra también es fundamental cuando se produce un incremento de las erupciones solares y las tormentas geomagnéticas, a las cuales las PAS son particularmente sensibles por la forma en la que afecta su sistema nervioso. Estos fenómenos atmosféricos pueden provocar sobreexcitación si las erupciones o las tormentas se prolongan muchas horas o muchos días. Al parecer, en los últimos años se ha producido un incremento de la actividad solar y muchas PAS lo han percibido sin comprender por qué han estado experimentando más síntomas físicos y emocionales.

6. La meditación

Hay muchos tipos de meditación que se pueden practicar para combatir el agobio, desde visualizaciones guiadas a, simplemente, permanecer sentados y quietos y observar la llama de una vela. En gran medida, es una cuestión de preferencia personal. Las visualizaciones guiadas (*véase* el capítulo 18), pueden ser muy útiles en especial para las PAS que se esfuerzan por serenar la mente.

Para aprender más sobre la meditación, puedes buscar en Internet algún libro sobre el tema o también orientación en línea, descargar una aplicación de meditación o buscar a algún maestro de meditación de renombre en tu localidad para encontrar las técnicas de meditación que más te atraigan y la manera de introducirlas en tu rutina habitual para sacarles el máximo partido.

Sea cual sea la opción de meditación que elijas, practicar esta técnica, aunque sólo sea cinco o diez minutos al principio, te calma la mente y reduce la sobreexcitación.

7. La sanación sonora

Durante miles de años, numerosas culturas distintas han recurrido a la música y al sonido para sanar y reducir el nivel de estrés. Salmodiar palabras positivas, como «amor», «paz» y «alegría», o escuchar música relajante puede hacer pasar nuestras ondas cerebrales de un estado beta (la conciencia normal) a uno alfa o theta (estado meditativo o de relajación), lo que ayuda a relajar el sistema nervioso sensorial y a reducir el agobio. Basta con que elijas algo que te guste y te dejes llevar por los sonidos.

Si, por el contrario, tienes una tendencia más espiritual, puedes pensar en recitar una oración, como ésta sobre la serenidad compuesta por el teólogo estadounidense Reinhold Niebuhr: «Señor, concédeme la serenidad para aceptar lo que no puedo cambiar, el valor para cambiar lo que puedo cambiar y la sabiduría para distinguir lo uno de lo otro». Los métodos de terapia sonora son particularmente valiosos en el mundo actual, tan ajetreado, porque se pueden practicar en cualquier parte: en el tren, al aire libre o sentados en silencio en casa.

8. Tiempo de recuperación

Por último, empieza a programar un «tiempo de recuperación» en tus planes o en tu agenda. Las reuniones, las excursiones o las actividades continuadas sólo consiguen agobiar a las PAS, de modo que plantéate reducir tus actividades e incorporar a tu programación unas pausas para descansar. Como ya hemos comentado al inicio del capítulo 1, esto me parece fundamental cuando viajamos.

Si bien todas las estrategias que acabamos de mencionar son muy recomendables y eficaces para combatir la sobreexcitación, no son más que el principio. Déjate guiar por tu propio cuerpo y tus preferencias. Lo fundamental es que, si hay algo que te gusta hacer –ya sea practicar yoga, cantar, bailar, rezar, la acupuntura, un masaje, el arte creativo, pasar tiempo con tu mascota o, simplemente, darte un baño relajante–, si a ti te reduce la sobreestimulación y te cambia la respuesta fisiológica, hazlo siempre que lo necesites y que puedas.

Otros recursos

Además de la amplia variedad de estrategias que acabamos de analizar, a continuación te sugiero otros recursos que, por lo visto, van bien para ayudar a quienquiera que tenga la condición de PAS.

Advertencia: No dejes de consultar a un experto antes de utilizar algunos de los remedios indicados, sobre todo si estás tomando medicamentos por prescripción médica.

- Las PAS pueden ser sensibles en particular al trigo, el gluten, los productos lácteos, el azúcar y la cafeína, de modo que cualquier alimento que los contenga puede tener un efecto adverso en su sistema nervioso, ya sensible de por sí. Si te parece que eres intolerante, consulta a un médico o a un nutricionista y adapta tu dieta adecuadamente. Te sentirás mucho mejor no sólo físicamente, sino también mental y emocionalmente.
- Toma un buen complejo de vitamina B y un buen suplemento de magnesio. Los dos son eficaces específicamente para el sistema

nervioso y pueden contribuir a disminuir el estrés y a facilitar la relajación, con lo cual reducen la sobreexcitación. El magnesio se absorbe mejor a través de la piel que en forma de comprimidos, ya que el ácido del estómago lo destruye en su mayor parte antes de su absorción; por consiguiente, aplicar el magnesio sobre la piel en forma de aceite o en aerosol es la mejor manera de recibir la dosis diaria recomendada. Si no, te puedes dar un baño de sales de Epsom, sal rosa del Himalaya o copos de magnesio varias veces por semana.

- La coenzima Q_{10}, antioxidante es otro complemento fantástico que ayuda a las mitocondrias y a la producción de energía celular, algo que es bueno para las PAS que, como son esponjas empáticas, deben luchar contra la fatiga o el agotamiento.

- La ashwagandha es una hierba medicinal tradicional que se consigue en líquido o en cápsulas y ayuda a mantener las glándulas suprarrenales y el sistema inmunitario. También ayuda a combatir las consecuencias del estrés y la sobreexcitación.

- Mantener el equilibrio hormonal es algo que a las PAS mujeres les suele costar en torno al período de la menstruación y, sobre todo, durante la menopausia, cuando los niveles de progesterona se reducen de forma significativa y predominan los estrógenos. Esto puede provocar aumento de peso, cambios de estado de ánimo, sofocos, depresión, angustia, palpitaciones, trastornos del sueño, insomnio y dolor en las mamas: todos síntomas físicos que pueden sobreestimular el sistema nervioso de las PAS. Aplicar sobre la piel una crema natural de progesterona puede ayudar a recuperar el equilibrio hormonal. (Insisto: no dejes de consultar a un profesional de la medicina, sobre todo si te planteas utilizar o dejar de utilizar una terapia de reemplazo hormonal).

- Las flores de Bach son preparados hechos con flores de distintas plantas para mejorar la salud y el bienestar mediante su influencia en los estados emocionales subyacentes. Hay muchas y conviene asesorarse con algún experto para averiguar cuáles serían las mejores en tu caso. He aquí unos cuantos remedios que me han parecido los más eficaces, tanto para mí misma como para mis pacientes:

Rescue Remedy, en caso de agobio.

Oliva, para el cansancio y el agotamiento.

Roble, para los que suelen ser fuertes, pero están luchando contra la enfermedad o la adversidad.

Mostaza, para la depresión y los que se sienten bajos de moral o pesimistas.

Mímulo, para el miedo (a lo conocido).

Álamo temblón, para el temor y la aprensión por motivos desconocidos.

Agrimonia, para los que ocultan sus preocupaciones o aparentan no tener miedo.

Nogal, para contribuir al cambio y la transición y para protegerse de influencias externas.

Castaño de Indias, para los pensamientos indeseados persistentes, la preocupación excesiva o una mente que no sabe desconectar.

Alerce, para la falta de confianza en uno mismo.

Aulaga, para los que han perdido la esperanza o son pesimistas

Olmo, para el agobio y los períodos de depresión, cuando seguir vivo se te hace cuesta arriba.

- Cambios de estilo de vida: Si tu estilo de vida o tu carrera te producen sobreestimulación crónica, tal vez tengas que replantearte cómo vivir tu vida o el trabajo que haces. Una manera de hacerlo consiste en buscar asesoramiento por parte de un profesional o un mentor cualificado que conozca las características de las PAS o que también presente esta condición. También podría convenirte advertir a tu jefe o al departamento de recursos humanos, si es que existe, sobre las características de las PAS.
- Incorporarte a una comunidad o a un grupo de apoyo para PAS. Relacionarte con otras PAS, que comprendan y empaticen con los problemas de sobreexcitación no sólo ayuda a entender distin-

tas maneras de reducir la sobreexcitación, al compartirlas y analizar las reacciones, sino que también brinda un «lugar seguro» donde examinarla.

- Evitar el alcohol o las drogas, ya que los dos son perjudiciales para el sistema nervioso sensorial y el «cuerpo energético». (En el capítulo 13 encontrarás más información al respecto).

Por último, éstas son algunas frases de las PAS con las que he trabajado que describen las estrategias que suelen usar para resolver la sobreexcitación. Espero que te resulten útiles.

«Busco un lugar tranquilo, camino por la playa (en cualquier clima), me desconecto o me echo a llorar».

«Trato de mimarme todo lo que puedo: meditación, baños, música, baile, el apoyo de los amigos».

«Cuando era joven, llorar me ayudaba. Ahora que soy mayor, recurro a la meditación o a una voz interior para cerrar los ojos y centrarme, por lo general con cristales, para aplacar mi desconsuelo. Cuando puedo, estar en contacto con la naturaleza también disuelve los problemas que tenga».

«Centrarme en el presente y relajarme me ayuda y también concentrarme en la respiración y cosas así. Hablar con amigos también me ayuda muchísimo».

CAPÍTULO 12

El *tapping* para la liberación emocional

En este capítulo vamos a hablar de una técnica de autoayuda llamada «técnica de liberación emocional» (TLE) o *tapping*. Se basa en las prácticas tradicionales chinas de acupresión y en la psicología moderna y sirve para liberar las emociones bloqueadas o atascadas. Es una de las técnicas cuerpo-mente más eficaces y poderosas para que las PAS procesen sus emociones. Los ensayos clínicos también han demostrado su eficacia, sobre todo para quienes padecen trastorno de estrés postraumático (TEPT), ansiedad o fobias. Hace muchos años que la utilizo con mis pacientes PAS y les ha resultado un método particularmente eficaz para gestionar sus niveles profundos de procesamiento e intensidad emocional. También es una herramienta estupenda de autoayuda para cambiar los pensamientos y las creencias negativos sobre nosotros mismos y para gestionar el estrés cotidiano de la vida.

La TLE consiste en dar golpes suaves con las yemas de los dedos sobre los distintos puntos de energía del cuerpo, conocidos en la medicina china como «puntos de acupresión o de los meridianos», con la intención de despejar los bloqueos de energía y recuperar el estado natural de bienestar. En realidad, es una manera de recurrir a la capacidad de sanación del propio cuerpo. Se puede usar para liberar emociones y para frenar la respuesta de «lucha, huida o parálisis» del sistema nervioso autónomo del cuerpo. También puede ayudar a cambiar los patrones negativos de pensamiento, de las creencias limitadoras, los recuerdos antiguos o los desafíos a los que tengamos que enfrentarnos.

Los puntos de *tapping*

Los principales puntos de *tapping* están en las manos, la cara, la cabeza, las clavículas y debajo de los brazos. Puedes golpear con la mano que te resulte más cómoda. La mayoría de las personas diestras prefieren golpear los puntos con la mano derecha. Los distintos puntos se asocian con distintas partes o sistemas del cuerpo. Las PAS se benefician en particular cuando comprenden esta relación, por su nivel más profundo de procesamiento. Los principales puntos de *tapping* son los siguientes:

1. **El punto kárate:** Está situado en el costado de la mano. Según la medicina oriental, está conectado con el intestino delgado, que se relaciona emocionalmente con sentirse atascado, tener dificultades para desprenderse, sentir tristeza, vulnerabilidad, preocupación, obsesión y compulsividad.

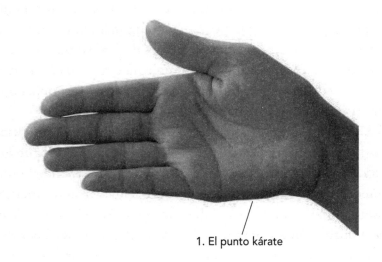

1. El punto kárate

2. **El punto de la base de la ceja:** Está situado en el extremo interno de cada ceja, en el punto más cercano a la parte superior de la nariz. Está conectado con el meridiano de la vejiga y se relaciona emocionalmente con el trauma, el dolor y la tristeza. A veces también puede estar relacionado con sentimientos de frustración, impaciencia e inquietud.

3. **El punto exterior de la ceja:** Se encuentra en el extremo exterior de cada ceja, entre el ojo y la sien. Está conectado con la vesícula y se relaciona emocionalmente con el resentimiento, la ira y el miedo al cambio.

4. **Bajo el ojo:** Queda justo debajo de cada ojo, pero tocando el hueso orbital. Está conectado con el estómago y, emocionalmente, se relaciona con el temor, la angustia y la sensación de náusea, vacío o decepción.

5. **Bajo la nariz:** Es un punto central, situado debajo de la nariz y encima del labio superior. Está conectado con lo que se conoce como el «vaso gobernador», que tiene que ver con los meridianos de energía yang del cuerpo (el yin y el yang se relacionan con los canales de energía femenino y masculino del cuerpo), y está relacionado con la vergüenza, la impotencia, el miedo al ridículo y el miedo al fracaso.

6. **El punto de la barbilla:** Es un punto central, situado entre la parte inferior del labio inferior y la barbilla. Está conectado con lo que se conoce como el «vaso central», que tiene que ver con los meridianos de energía yin del cuerpo, y está relacionado con la confusión y la incertidumbre.

7. **El punto de la clavícula:** Queda justo debajo de la protuberancia dura de la clavícula, donde hay una hendidura natural. (Puedes dar golpecitos con las dos manos en este punto). Está conectado con los riñones y se relaciona con el miedo, la angustia, la indecisión, la preocupación, el estrés y la sensación de estancamiento.

8. **El punto de debajo del brazo:** Está situado a unos diez centímetros por debajo de cada axila. Está conectado con el bazo y se relaciona con la preocupación, con pensar demasiado, con la inseguridad y con la falta de autoestima.

9. **El punto de la coronilla:** Se encuentra en la parte superior de la cabeza y también está conectado con el vaso gobernador y se relaciona con la sensación de reconexión espiritual y con asegurar las sensaciones de equilibrio y alineación derivadas de la práctica de la TLE.

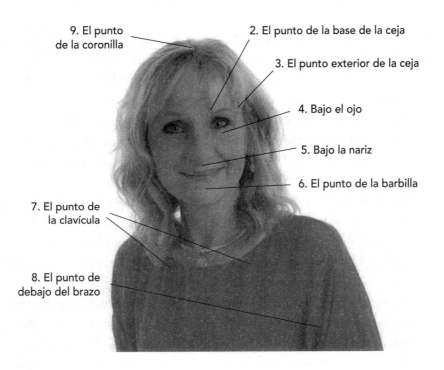

9. El punto de la coronilla

2. El punto de la base de la ceja

3. El punto exterior de la ceja

4. Bajo el ojo

5. Bajo la nariz

6. El punto de la barbilla

7. El punto de la clavícula

8. El punto de debajo del brazo

Cómo dar los golpecitos

Para que los golpecitos sean más eficaces, conviene ir diciendo en voz alta lo que verdaderamente sientes o piensas en ese momento. Cuanto más sincero seas, mejor.

Al golpear, conviene ejercer una presión firme, pero suave, con el índice y el dedo medio de cualquiera de las dos manos. Golpea con las yemas de los dedos —no uses las uñas— entre cinco y siete veces en cada punto. Empieza por el punto de la base de la ceja y sigue hacia abajo, mientras expresas en voz alta lo que sientes o piensas en ese momento.

Para terminar, vuelve a la parte superior de la cabeza para completar el ciclo. No hace falta que cuentes los golpecitos.

A continuación, encontrarás ejemplos de secuencias sencillas de *tapping* que parten de algunos de los problemas principales a los que se suelen enfrentar las PAS. El primero tiene que ver con sentirse abrumados, estresados o ansiosos y el segundo, con sentirse ajenos. Con cualquier secuencia de *tapping*, tienes que empezar por identificar el problema o la emoción en los que te quieras concentrar.

Para cuando nos sentimos abrumados, estresados o ansiosos

1. Analiza el problema o la situación. ¿Cómo te sientes al respecto en este momento? Valora la intensidad de tu problema o de tus sensaciones en una escala de cero a diez —siendo cero el mínimo—; por ejemplo, ahora mismo tu sensación de estar agobiado, estresado o ansioso podría ser de ocho o nueve.
2. Formula una frase preparatoria. Esto serviría para plantear el problema que quieres resolver. Por ejemplo: «Me siento mal, porque estoy preocupado por una entrega inminente». A continuación, transfórmala en una afirmación positiva incondicional sobre ti mismo como persona. Por ejemplo: «Aunque me siento muy abrumado y estresado, me acepto a mí mismo y lo que siento». Repite esta frase en voz alta tres veces, usando dos dedos de una mano para golpear el punto kárate de la mano contraria. A continuación, haz una inspiración profunda.
3. Después empieza a darte golpecitos en los puntos del 2 al 9, en orden, repitiendo cada vez un recordatorio sencillo de la cuestión principal que quieres resolver. Por ejemplo, di «Me siento abrumado», mientras te golpeas el punto de la base de la ceja; di sólo «Abrumado», mientras te golpeas el punto exterior de la ceja, y haz lo mismo en la parte interior del ojo, debajo de la nariz, etcétera, hasta llegar a la coronilla. A continuación, haz una inspiración profunda. Ya has vuelto al principio y has completado la secuencia.
4. Ahora concéntrate otra vez en el problema inicial. ¿Ha variado la intensidad de la sensación con respecto a hace unos minutos? Való-

ralo según la misma escala numérica. Si sigue siendo superior a un 2 o un 3, haz otra secuencia de *tapping*. Sigue haciendo *tapping* hasta que desaparezca o haya disminuido de forma significativa. También puedes reformular la frase preparatoria de modo que contemple tus esfuerzos para resolver el problema y tu deseo de seguir mejorando. Por ejemplo: «Aunque una parte de mí se sigue sintiendo un poco abrumado, me acepto a mí mismo y lo que siento».

5. Mientras te das golpecitos, es posible que afloren otras emociones o sensaciones subyacentes. Por ejemplo, podrías empezar a sentirte ansioso, temeroso o frustrado. En ese caso, puedes empezar otra secuencia de *tapping*, si te apetece, usando esta nueva emoción o sensación –por ejemplo: «Me siento ansioso», «Esta sensación de pánico» o «Pasan tantas cosas…»– y seguir hasta que disminuya su intensidad.

6. Ahora que estás concentrado en hacer desaparecer tus emociones y tus sensaciones inmediatas, empieza otra vez a hacer *tapping*, pero esta vez para establecer algunas sensaciones positivas. Las frases siguientes te pueden servir como referencia:

«Cuando algo me exige tiempo y energía, puedo decir que no».
«Necesito ocuparme primero de mí mismo y dar prioridad a mis necesidades para no agobiarme».
«Tengo que hacer algunas inspiraciones profundas y darme algo de espacio».
«Cuanto más confíe en mí mismo, menos tengo que preocuparme».
«Empiezo a quererme tal como soy».
«Empiezo a valorarme más».
«Me doy cuenta de que ser sensible es un don».
«Me estoy volviendo una persona más relajada y más feliz».

Usa todos los enunciados positivos que te suenen auténticos y date golpecitos todas las veces que haga falta, hasta que percibas un cambio en tu energía vibracional. ¡Ya está! Es así de sencillo y, sin embargo, muy eficaz.

Para cuando sientes que no encajas o estás fuera de lugar

1. Analiza el problema o la situación. ¿Cómo te sientes al respecto en este momento? Valora la intensidad de tu problema o de tus sensaciones en una escala de cero a diez, siendo cero el mínimo.

2. Elige una frase que exprese cómo te sientes. Por ejemplo: «Me da la impresión de que no encajo en mi familia». A continuación, transfórmala en una afirmación más positiva sobre ti mismo y repítela tres veces, mientras te das golpecitos en el punto kárate. Por ejemplo: «Aunque me da la impresión de que no encajo mi familia, me acepto a mí mismo y lo que siento» o «Aunque me produce pánico pensar que no encajo, me acepto a mí mismo y lo que siento».

3. Empieza a darte golpecitos en el punto de la base de la ceja y a decir una versión resumida de tu frase, como «no encajar». Después repite lo mismo mientras te das golpecitos en el punto exterior de la ceja, debajo del ojo y en todos los demás, hasta completar la secuencia en el punto de la coronilla. Haz una inspiración profunda y haz otra serie completa de *tapping* con una versión resumida de cualquier otra frase pertinente, como «no formar parte».

4. Presta atención a los recuerdos o las imágenes que surjan mientras te das golpecitos, como «No me escogieron para el equipo de la escuela». Haz otra secuencia de *tapping* a partir de ellos.

5. Fíjate en las emociones o las sensaciones que experimentes en tu cuerpo, como «esta tristeza en el pecho», «este nudo en el estómago» o «esta ira en mi garganta», y repite la secuencia de *tapping* para cada una de ellas.

6. Sigue dándote golpecitos para todos los pensamientos, sentimientos o creencias negativos, hasta que disminuya su intensidad.

7. A continuación, y sin dejar de hacer *tapping*, empieza a introducir algunos sentimientos y pensamientos positivos, como los siguientes:

«No soy la única persona que se siente así. Es algo que les pasa a muchas PAS».

«La sensación de pertenencia empieza en mi interior».

«A veces, nuestra familia biológica no es nuestra familia espiritual».

«Empiezo a quererme como soy».
«Empiezo a valorarme más a mí mismo».
«Me doy cuenta de que ser sensible es un don».
«Puedo atraer a amigos como yo, que de verdad comprenden mi condición».

Cuando enseño *tapping* a mis pacientes PAS, a menudo se resisten un poco a reconocer las sensaciones negativas al principio de la secuencia, sobre todo si tienen creencias espirituales, pero es imprescindible empezar por lo que ya está presente. Negar, evitar o reprimir sólo incrementa el bloqueo. Sin embargo, después de practicar un poco y cuando las PAS comprenden la importancia de liberar y de limpiar sus verdaderos sentimientos antes de pasar a las frases positivas, esto se convierte para ellas en una técnica de referencia: brinda alivio para algunos de las dificultades relacionadas con presentar la condición de PAS y también puede ser una manera maravillosamente eficaz de inculcar sentimientos, creencias y pensamientos más positivos con respecto a los dones y las ventajas de esta característica.

CAPÍTULO 13

La importancia de la protección energética

Todos tendemos a proteger lo que tiene importancia para nosotros. Contratamos pólizas de seguros para cosas como nuestro hogar, el coche, los ingresos y la salud. También protegemos nuestro cuerpo físico de los efectos del medio ambiente al ponernos un impermeable o una crema solar. Sin embargo, pocas personas suelen pensar en proteger sus propias energías. La física cuántica ha demostrado que somos seres de energía y la fotografía Kirlian presenta pruebas de la existencia de un campo de energía en torno a nuestro cuerpo. Lo que no solemos tener en cuenta es que, cuando interactuamos con los demás, también interactuamos con sus energías, ya sean positivas o negativas. Por este motivo, si bien a todos nos conviene proteger nuestra propia energía, esto resulta particularmente útil para las PAS, debido a su mayor sensibilidad.

Aprender a proteger tu propia energía puede resultar una de las disciplinas diarias más importantes para las PAS, ya que, como tienen niveles más elevados de excitación y un sistema nervioso más sensible que las demás personas, con antenas muy sensibles, constantemente están transmitiendo y detectando sutilezas, a veces sin darse cuenta. Como hemos comentado en el capítulo 4, también son de lo más intuitivas y empáticas y a menudo les afectan los estados de ánimo y las emociones de los demás y las absorben como esponjas. Vamos a ver cómo ocurre esto y por qué.

El campo energético y los chakras

Todos tenemos un campo energético que nos rodea y protege nuestro cuerpo físico. Se llama «aura» y está compuesto por varias capas diferentes, que incluyen la emocional, la mental y la espiritual. Las PAS siempre están captando y recibiendo vibraciones energéticas a través de su campo áurico. La mayoría de las personas sólo son conscientes de su aura cuando alguien se les acerca demasiado y sienten que esa persona ha entrado en su espacio personal, porque ha invadido su espacio energético. Las PAS, en cambio, tienden a percibirla con mayor perspicacia, porque captan más sutilezas, como parte de su mayor sensibilidad de procesamiento sensorial.

Todos tenemos siete centros de energía principales llamados «chakras». Están situados a lo largo de la columna y en la zona de la cabeza, en la capa áurica más cercana al cuerpo físico. Los chakras son vórtices giratorios o ruedas de energía sutil; cada uno tiene su propia frecuencia y color vibracional y se asocia con cuestiones específicas relacionadas con nuestro viaje vital. El sistema del aura y el de los chakras son bien conocidos en Oriente, pero hace relativamente poco que se reconocen más en Occidente. La primera mención al sistema de los chakras aparece en los antiguos textos védicos indios y se remonta a entre el 1500 y el 500 a. C.

Subiendo desde la base de la columna, los chakras son los siguientes:

El chakra raíz o de la base es de color rojo y se encuentra en la base de la columna. Es el más cercano a la tierra y su función principal es conectarte con tu cuerpo físico. También está relacionado con la seguridad, el dinero y la supervivencia.

El chakra sacral está situado justo por debajo del ombligo y es de color naranja. Está relacionado con la creatividad, la sexualidad, la fuerza de voluntad y la alegría.

El chakra del plexo solar está situado en la zona del estómago y es de color amarillo. Es el centro de las emociones, los sentimientos, el poder personal y la confianza en uno mismo.

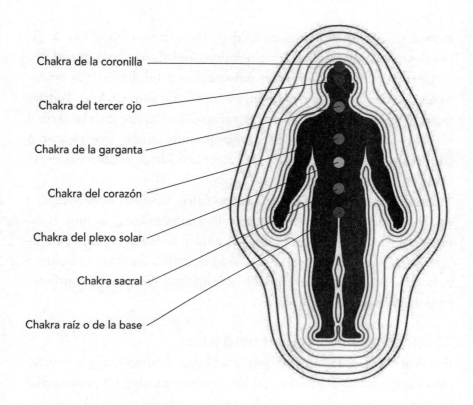

Chakra de la coronilla

Chakra del tercer ojo

Chakra de la garganta

Chakra del corazón

Chakra del plexo solar

Chakra sacral

Chakra raíz o de la base

El chakra del corazón es de color verde o rosa y es el centro del amor y la compasión. También es la puerta de entrada a tu ser superior.

El chakra de la garganta es de color azul y está conectado con la autoexpresión, la comunicación y la confianza.

El tercer ojo o chakra de la frente es de color añil y está situado en medio de la frente. Es el centro de la intuición y del poder psíquico.

El chakra de la coronilla está situado en la parte superior de la cabeza y suele ser de color blanco o morado. Es tu conexión con los poderes superiores y con el universo.

Cuando estamos en equilibrio y armonía física, emocional, mental y espiritual, así también estarán nuestra aura y nuestros chakras. Si existe algún bloqueo o alguna perturbación energética, esto afectará a las capas energéticas del aura y de los chakras. Si los chakras giran demasiado despacio, podemos sentir depresión, letargo y lentitud. Si giran demasiado deprisa, podemos sentir ansiedad, pánico o frenesí.

Determinadas cosas pueden provocarnos debilidad o crear agujeros en nuestra aura y esto también puede afectar a los chakras. Podríamos mencionar el consumo de sustancias como las drogas o el alcohol o acontecimientos difíciles en la vida que nos pueden ocurrir, como accidentes, traumas, la pérdida de un ser querido o un divorcio, entre otros.

Así como cuidamos nuestro cuerpo físico, también hemos de cuidar bien nuestro cuerpo energético. Por consiguiente, es muy recomendable limpiar a menudo nuestra aura y nuestros chakras para librarnos de los restos de energía o de lo que haya quedado atascado o para sanar los traumas o los daños energéticos. Veremos a continuación diversas formas de hacerlo.

Técnicas de protección energética

Recomiendo a todas las PAS que practiquen la limpieza y la protección energéticas a diario si es posible, porque pueden ser sumamente beneficiosas para evitar el agobio. Sugiero a mis pacientes PAS que incorporen estos métodos mientras se visten por la mañana, ya que nadie se olvida nunca de vestirse.

En mi vida he aprendido a base de cometer errores, sobre todo cuando trabajaba en la cárcel, las consecuencias de no protegerme energéticamente a mí misma como PAS. Ahora, protegerme a diario es algo que hago con naturalidad y ya no absorbo las energías de los demás, con lo cual no me siento siempre agotada o vacía al final del día.

A continuación, presento diversas sugerencias que me han sido de gran utilidad, tanto para mí misma como para mis pacientes, a lo largo de los años y que simplemente puedes repetir o adaptar según tus preferencias personales las que te parezcan más apropiadas.

La técnica de la luz dorada

Ésta es una buena técnica general para fortalecer tu aura y para proteger tus chakras. Trata de practicarla dos veces al *día: a primera hora de la mañana, mientras te vistes, y a última hora de la noche, antes de irte a dormir. Es preferible practicarla de pie o sentado, en lugar de* tumbado, sobre todo por la noche, cuando sería muy fácil que te quedaras dormido antes de terminar la visualización.

1. En primer lugar, lleva la conciencia al chakra del centro del corazón.
2. Utiliza la imaginación creativa para visualizar un sol en miniatura en lo más profundo de tu corazón, que brilla con una luz dorada, como el sol en el cielo. Visualiza esos rayos dorados que penetran en cada célula y cada átomo de tu cuerpo, llenándote por completo, desde la parte superior de la cabeza hasta las plantas de los pies.
3. Observa que esta luz solar dorada dentro de tu corazón empieza a irradiar con más intensidad y siente que ahora la luz se expande hacia fuera, por encima de tu cabeza, por debajo de tus pies y alrededor de tu cuerpo físico, llenando tu aura y tus chakras de una hermosa luz dorada y radiante que te protege de toda negatividad, intromisión o daño.
4. Visualízate de pie en esta luz dorada durante uno o dos minutos y después abre los ojos. Ahora estás listo para emprender las actividades del día.

Si lo haces por la noche, pasa de una postura sentada o de pie a tumbarte en la cama. Visualiza esta luz dorada que se desvanece suavemente, como un atardecer, al cabo de uno o dos minutos, y siente que te entregas a un sueño profundo y relajante.

Visualización con colores

Cada color se asocia con distintas cualidades energéticas, de modo que visualizarte rodeado por un color o unos colores en concreto puede ser otro método sumamente eficaz de autoprotección. Se supone que algunos colores ofrecen más energías protectoras que otros. Por ejemplo, se cree que el rosa te rodea de una energía amorosa; el azul se asocia con la fuerza y el valor; se supone que el morado posee una fuerte cualidad espiritual, y que al blanco le corresponde una esencia vibracional pura, divina. Estos reflejan los colores de los chakras superiores, desde el del corazón hasta el de la coronilla. (El color de los chakras inferiores, rojo, naranja y amarillo, por el contrario, se suele utilizar más para revitalizar y reenergizar nuestro cuerpo energético que para protegerlo).

1. Visualízate dentro de una burbuja de luz o envuelto o arropado en luz (como una momia toda vendada).
2. A continuación, elige un color para esta luz, según lo que sientas que más necesitas en este momento. Si no destaca un solo color, tal vez te guste la idea de una luz multicolor para dar la sensación de equilibrio general.
3. Observa, siente o percibe esta luz coloreada que absorbes a través de la piel, te llena todo el cuerpo y te deja la sensación de estar sostenido y protegido a todos los niveles de tu ser.

Este enfoque visual es uno de los favoritos de las PAS que practican yoga, hacen masajes y se dedican a otras formas de sanación natural y también para las PAS creativas o artísticas, como los pintores y los diseñadores.

El método del reflector
Es un método de autoprotección energética que prefieren muchas PAS que son actores o cantantes y las personas extravertidas.

1. Ponte de pie en una postura relajada, con los brazos a los lados del cuerpo, y visualiza una luz blanca pura que desciende del universo.
2. Ahora imagina que entras en el rayo de luz y visualiza que estás protegido por esa luz durante todo el día.
3. Dedica unos instantes a permitir que este rayo de luz blanca fluya hacia abajo, desde la parte superior de tu cabeza hasta las plantas de los pies, y empieza el día sintiéndote lleno de energía y protegido.

La terapia de cristales

Los cristales suelen emitir poderosas cualidades sanadoras y protectoras, de modo que pueden ser sumamente útiles para llevarlos contigo o para usarlos como alhajas. Algunos de los cristales protectores más eficaces para las PAS son la turmalina negra, la amatista, el cuarzo ahumado, el ojo de tigre y la hematita.

Si quieres saber más sobre las propiedades de cada cristal, podrás encontrar información en un libro como *Cristales* de Simon y Sue Lilly. De lo contrario, creo firmemente en que simplemente elijas el que más te atraiga de forma intuitiva.

Este método de protección suele ser el preferido de las PAS que sienten una conexión profunda con la naturaleza, las que son sanadoras energéticas o sienten una fascinación natural por los cristales y también de los niños muy sensibles.

La oración o las técnicas basadas en la fe

Para las PAS que sienten una conexión con el mundo espiritual, rezar para pedir protección o para invocar la protección de determinadas figuras espirituales o religiosas puede ser una manera eficaz de asegurarse de no quedar demasiado expuestas o vulnerables energéticamente. Sea quien sea aquél a quien decidas dirigir tus oraciones −puede ser, por ejemplo, el universo, un dios o una diosa, un arcángel o un santo−, el mero acto de pedir determina la intención y la vibración de la protección.

Eliminar ganchos o cordones energéticos

Como las PAS suelen ser tan empáticas y generosas con su tiempo, a menudo atraen a personas que necesitan ayuda. Si no han establecido las barreras energéticas protectoras adecuadas, estas personas a menudo se enganchan a su aura y a sus chakras y literalmente se alimentan de ellos, dejándolas agotadas y vacías. El chakra del plexo solar (centro de las emociones y los sentimientos) y el chakra del corazón (centro del amor y la conexión) suelen ser los blancos principales. Las personas necesitadas a menudo dicen que se sienten mucho mejor después de haber pasado un tiempo con sus amistades PAS, pero, lamentablemente, es probable que las PAS queden exhaustas.

Para saber si te está pasando esto, fíjate si empiezas a preocuparte de forma obsesiva por las personas con las que acabas de estar o a las que has ayudado o si de pronto te sientes desanimado o deprimido, después de estar con ellas. Esto puede querer decir que se han pegado a ti energéticamente. Suele ser algo inconsciente: es decir, que ellas no se dan cuenta de que lo hacen.

Sin embargo, de vez en cuando puedes encontrar algunas personas que lo hacen de forma consciente. Una de las formas de protegerte para no quedar agotado por este motivo consiste en visualizar a alguna persona en tu vida que sientas que está «enganchada» a ti de este modo –tal vez te sorprendas al ver quién puede aparecer–; a continuación, concéntrate en el aspecto que tienen los «ganchos» o los cordones negativos, y después has de verte a ti mismo cortándolos uno a uno. Esto les puede costar a las PAS, porque por lo general no les gusta la idea de perjudicar o de disgustar a nadie, sobre todo si la persona que se pega a ellas busca algún tipo de ayuda. Sin embargo, es importante recordar que sólo puedes ayudar a alguien desde una posición de fuerza y no de agotamiento y que sólo te estás desenganchando de las energías negativas o necesitadas, pero no de las energías del amor, que no se pueden cortar nunca.

Limpiar tu aura y tus chakras

Otra disciplina importante, sobre todo para las PAS que sufren agobio o para las que aún no han adquirido la costumbre de protegerse a menudo a sí mismas energéticamente, es limpiar el aura y los chakras. Éstas son algunas técnicas de limpieza sencillas que puedes probar:

El método de la lluvia plateada

Esto se puede hacer cuando te estás dando realmente una ducha o como una visualización de que estás en la ducha o bajo una cascada.

1. Imagina que te baña una luz plateada desde la parte superior de la cabeza hasta las plantas de los pies.

2. Visualiza que esta luz arrastra cualquier energía negativa o no deseada.

3. Observa que esta luz plateada también te baña los chakras y los limpia.

4. Cuando sales de la ducha o de la cascada, imagina que los rayos dorados del sol te secan y te envuelven otra vez en la energía protectora. Ya estás listo para seguir adelante el resto del día o de la noche.

El método de la llama violeta

El fuego posee una energía que transforma y transmuta. El uso del método de la llama violeta puede ser beneficioso sobre todo para quienes trabajan en ambientes oscuros, difíciles o negativos.

1. Imagina que entras en una llama limpiadora de luz violeta (¡como una chica Bond que baila en medio de las llamas!). Esta llama no causa dolor: baila a tu alrededor y te baña en su fuego, quemando las energías negativas o no deseadas que haya en tu aura y en tus chakras. Algunas PAS pueden sentir su calor en el interior y alrededor de su cuerpo mientras esto ocurre, sobre todo las que tienen poderes psíquicos.

2. Al cabo de uno o dos minutos o cuando a tu intuición le parezca conveniente, sal de la llama y haz algunas inspiraciones profundas para limpiar más tu sistema. Deberías sentirte más limpio y más ligero. Ya estás listo para seguir adelante el resto del día o de la noche.

Sahumar (*smudging*) o quemar salvia

El arte tradicional de los indios americanos de sahumar o quemar salvia es otra manera excelente de limpiar tanto tu cuerpo como tu espacio físico (la casa, la oficina, etcétera) de energías no deseadas. Puede consistir en comprar un palito o un ramillete de salvia, quemarlo y moverlo por el aire en torno a tu cuerpo y en el espacio correspondiente o en quemar un poco de aceite de salvia en un difusor.

El poder de la sal

Colocar pequeños boles de sal marina en los rincones de las habitaciones del espacio donde vives es otra manera eficaz de limpiar tu entorno físico, ya que se supone que la sal absorbe las energías negativas no deseadas.

El método de la piscina de purificación

Como el agua tiene una conexión simbólica con las emociones, este método resulta beneficioso para las PAS con profesiones relacionadas con la atención y la ayuda. Es mejor practicarlo al final del turno o la jornada de trabajo o por la noche.

1. Siéntate o túmbate en un lugar tranquilo y cómodo. Imagina que te sumerges en una piscina de agua tibia y relajante en un entorno natural precioso.
2. Mientras disfrutas del agua, observa la salida de las emociones no deseadas a medida que pequeñas burbujas de energía negativa flotan hacia la superficie y se disuelven.

Otra posibilidad es tomar un baño de verdad con sales de Epsom o con copos de magnesio (reconocidos por sus propiedades purificantes y desintoxicantes) o, si puedes, ir a nadar al mar.

La intensidad emocional que experimentamos las PAS, combinada con la profundidad de nuestro procesamiento emocional, hacen que la protección energética y la limpieza resulten tan vitales para nosotros como el aire que respiramos. Los métodos indicados en este capítulo son fundamentales para poder manejar cualquier sensación de agobio que aparezca en nuestra vida y nos hacen más capaces para prosperar, en lugar de limitarnos a sobrevivir como PAS.

CAPÍTULO 14

Cómo comprender la pérdida

A todos nos cuesta superar el proceso de duelo que ocurre después de sufrir una pérdida, pero, como las PAS tienen niveles más profundos de intensidad y de procesamiento emocional, un pesar o una pérdida de cualquier tipo (ya sea como consecuencia de un divorcio, una separación, un despido, un accidente o un trauma, por ejemplo) puede provocar un período de duelo más prolongado y más intenso que en cualquier otra persona que no tenga estas características.

Una pérdida te puede cambiar a ti y a la forma en que sientes, miras y te concibes a ti mismo y tu vida. Te puede sumir en la oscuridad y darte la sensación de que no puedes escapar al dolor posterior, ya sea porque es su consecuencia inmediata o por la disociación temporal que podría aparecer semanas, meses o incluso años después.

La profunda aflicción del dolor nos afecta a todos en un momento u otro de nuestra vida. Por mi propia experiencia como PAS, sé que el dolor te puede aplastar, dejarte estupefacto, aturdido y confundido y después, justo cuando logras empezar a ponerte de pie, es posible que empiece otro tsunami de emociones. Una ola tras otra te pueden golpear tan fuerte que te dejan sin aire y quizá te asalte el pánico de sentir que tú también estás a punto de morir. En ese momento, a menudo nos invade un pensamiento que no queremos reconocer ante los demás: «Si no respiro, todo este dolor desaparecerá». Espero que te brinde un consuelo momentáneo aceptar que muchas personas pensarán esto en algún momento de su vida. Sin embargo, también sé por experiencia (tanto la mía como la de mis pacientes) que entonces, cuando tocas fondo, tu ser superior (y tus guías espirituales, si crees en ellos) te ayuda a seguir respirando y te apoya para que te levantes y vuelvas a vivir otra vez. Empieza a filtrarse la luz en medio de la oscuridad.

Las etapas del duelo

El duelo presenta numerosas etapas, pero es importante recordar y confiar en que a través de todas ellas nuestro ser superior (nuestra alma y nuestro espíritu, *véase* el apartado «Una perspectiva espiritual») sabe, intrínsecamente, mantenernos seguros y protegidos en nuestro dolor. A veces, cuando nos asalta la pena, nos metemos en la cama, a dormir, a llorar, a cuidarnos a través de nuestra pérdida. Otras veces, tal vez nos dé la impresión de que estamos en la cárcel, en una celda claustrofóbica en la que se apagan las luces y la oscuridad nos rodea. El dolor es primitivo: tal vez sientas alaridos y gemidos procedentes de algún lugar profundo al que nunca habías accedido. Al mismo tiempo, el mundo exterior sigue a tu alrededor. En este sentido, el duelo puede parecer una forma de «cumplir una condena». No tiene sentido tratar de apelar, resistirse o escapar de esta prisión del dolor: simplemente tienes que registrar el paso de los días, sin saber cuándo vas a poder salir. Sin embargo, incluso en el confinamiento solitario del dolor, si miramos bien, siempre podemos encontrar un atisbo de luz que entra por la cerradura de la puerta o por la ventana de la celda y a veces basta con esto para atravesar la oscuridad y la desconexión para que, al final, puedas salir de la celda, tal vez apenas unos minutos o algunas horas al principio, hasta que te encuentres en el camino de la recuperación y la libertad.

Si eres una persona que ama intensamente o ama a muchas personas, es posible que te sientas como un visitante asiduo de esta prisión. No olvides que en tu interior hay una fuerza superior, aunque no la veas ni la sientas, y que esta luz te ayudará a superar tus numerosas visitas. Cuando te conectas y te aferras a esta luz interior, ya no tienes que sentir la oscuridad del dolor como una cadena perpetua. A menudo, las PAS se pueden sentir juzgadas por lo que dura su dolor después de una pérdida y muchas veces les dicen que tienen que seguir adelante antes de que estén listas. Sin embargo, no hay una escala de tiempo para el dolor ni hay una manera correcta o incorrecta de lidiar con él, así que trata de recordarlo cuando llegue el momento y acepta tu derecho interior a atravesar las etapas del proceso de duelo como sólo *tú sabes que necesitas hacerlo*.

Conocer las etapas fundamentales del duelo puede ayudar a las PAS sobre todo a comprender sus sentimientos. Es importante saber que el proceso no es lineal, lo que significa que puedes avanzar y retroceder en las etapas muchas veces durante el ciclo del duelo y el proceso de sanación, de modo que tómate tu tiempo, no seas duro contigo mismo y trata de ser consciente de las distintas etapas, a medida que vayan apareciendo.

Negación

Una de las primeras etapas del duelo suele ser la negación, que tiene lugar cuando la persona imagina una realidad falsa o preferible, en lugar del impacto de lo que tiene delante. Esto suele ocurrir cuando la persona no reconoce emocionalmente la pérdida y se queda completamente aturdida. En el caso del dolor por una pérdida, a menudo ves que hay personas que en esta etapa funcionan en piloto automático y van resolviendo las numerosas cuestiones prácticas que aparecen en cuanto alguien muere, como notificar la muerte u organizar el funeral.

Ira

A continuación, suele aparecer la ira, cuando la persona que sufre se da cuenta de que no puede seguir negando los hechos. Tal vez se sienta culpable o frustrada y quiera echarle las culpas a alguien. En esta etapa puede haber reacciones como: *«¿Por qué yo? ¡No es justo!»* o *«¿Por qué permitiría Dios o el universo que ocurriera esto?»*. A veces es más fácil expresar la ira que el dolor profundo que subyace en esta etapa del duelo. A las PAS que tienen dificultades para expresar lo que sienten les puede servir poner por escrito, en un diario o en un papel, lo que piensan y lo que sienten. Si decides hacerlo así, te puede servir rasgar o quemar el papel después, como un modo de soltar lo que piensas o lo que sientes.

Negociación

La tercera fase puede suponer un nivel de negociación o de regateo, con la esperanza de evitar el dolor. Esto suele incluir pensamientos como: «Llévame a mí en su lugar», «Por favor, Señor, devuélvemelo. No puedo vivir sin él», «Si me concedes, aunque sea un sólo *día más con él, te prometo que...*». En este momento, el dolor profundo empieza a salir más a la superficie. Algunas PAS pueden retroceder a la etapa de la ira y otras pasan a la de la depresión en su procesamiento emocional. Cada uno sufre a su manera y algunas etapas duran más que otras.

Depresión

A continuación, viene la depresión, que suele ser la etapa que más tememos. Pensamientos como «¿Qué sentido tiene seguir adelante? La/ lo echo demasiado de menos» son naturales en el proceso de duelo. Durante esta etapa, la persona se puede entristecer profundamente ante la certeza de la muerte; tal vez se retraiga, se niegue a ver a nadie y pase la mayor parte del tiempo llorando. Este agujero negro de dolor es lo que más nos asusta y nos da miedo quedarnos atascados en esta etapa, pero recuerda que siempre hay una forma de salir de la oscuridad, aunque en algún momento no lo parezca y sea necesario recurrir a un profesional.

Aceptación

En la etapa final de reconocimiento del dolor, aceptamos que toda la vida física es transitoria, que todo tiene un ciclo vital de nacimiento, muerte y renacimiento, de una forma u otra. Para las PAS que creen en Dios o en la otra vida, la paradoja de la muerte es que nos da la vida eterna. Si tenemos la creencia o la firme convicción de que, cuando dejemos este mundo, nos reuniremos en el mundo espiritual con nuestros seres queridos difuntos, nos ayudará mucho a sobrellevar el dolor.

Hay muchos servicios y organizaciones a los que puedes recurrir en busca de apoyo durante el proceso de duelo, incluidos, en muchos lugares, los grupos de apoyo locales. Te puede servir hablar con otros que comprenden por lo que estás pasando. Busca en Internet o pide información a tu médico.

MI PROPIA EXPERIENCIA DE LA PÉRDIDA

La pérdida y el dolor han entrado volando por la puerta de mi corazón muchas veces a lo largo de los años, trayendo consigo tanto dolor como bendiciones, tanto oscuridad como luz. Algunas veces, este dúo emocional era esperado, lo que me dio tiempo a prepararme para su visita, pero otras veces se presentaron de improviso y me dejaron atónita y desprevenida.

El diagnóstico de mi padre y su posterior muerte por cáncer de páncreas fue una de esas ocasiones. Sólo tenía sesenta y siete años y había gozado de buena salud toda la vida. Perder a mi padre fue desgarrador, pero también fue decisivo para tomar la decisión de dejar de trabajar en la cárcel y seguir mi sueño de ser escritora.

Tres años después de su muerte, murió mi adorado labrador, Nero, lo que me hizo regresar a aquella prisión del dolor. Mi frágil corazón se volvió a desgarrar y la escritura de este libro se interrumpió en seco. Algunas de las personas de mi vida no comprendían los niveles de dolor que estaba experimentando ni lo mucho que quería a mi perro, pero, afortunadamente, mis amigos PAS sí.

Sigo echando de menos tanto a mi padre como a Nero todos los días, pero ahora soy capaz de concentrarme en los maravillosos momentos y los recuerdos que compartimos y en el amor y la alegría que aportaron a mi vida, de modo que es importante confiar en que, con el tiempo, la intensidad del dolor por cualquier pérdida empiece a disminuir y a sanar.

El poder sanador de los animales

Muchas PAS sienten una conexión particularmente profunda con los animales, a veces más que la que tienen con la mayoría de las personas, a menudo porque el amor que reciben de los animales, sobre todo de las mascotas, es incondicional, lo cual resulta de lo más sanador para alguien sensible. Este nivel de amor es también uno de los motivos por los cuales sufren tanto cuando el animal muere. Mi labrador, Nero, había trabajado en la cárcel como detector de drogas y era el amor incondicional hecho perro. No sólo me ayudó a superar algunos de los momentos más difíciles de mi vida, sino también a sanarme de las heridas de mi pasado.

No se debe subestimar nunca el poder sanador que tienen los animales en la vida de las personas, sobre todo de las PAS. Cuando trabajaba en la cárcel, era una de los responsables del departamento de perros detectores de drogas. Cuando uno de los perros que trabajaba allí se jubiló, su adiestrador nos propuso reentrenarlo como perro de terapia. Conseguimos fondos para entrenar a aquel hermoso labrador negro para trabajar en la unidad especializada de la cárcel que yo codirigía, para trabajar con personas que se autolesionaban y con otros presos vulnerables. Algunos de aquellos hombres, que jamás se habían abierto ni habían hablado antes con nadie, de pronto se transformaban en su presencia. Era increíble.

Los animales o los «ángeles peludos» –me gusta llamarlos así– ofrecen un nivel de amor y de conexión que a veces las PAS no consiguen con otras personas. También nos pueden enseñar mucho, porque viven en el presente, no se preocupan por el pasado, perdonan enseguida, tienen la habilidad de hacernos sonreír y nos acompañan en los malos momentos. Por eso, realmente nos ayudan a sanar.

Para finalizar este capítulo sobre la pérdida, recuerda que las PAS aman con mucha intensidad. Si en este momento estás pasando por la oscuridad del dolor por la muerte de un ser querido, concéntrate en el amor que has sentido por esa persona y en los buenos momentos que habéis pasado juntos. El duelo es el último acto de amor que brindamos a quienes hemos amado. Según mi propia experiencia, donde hay una pena profunda siempre hay un amor profundo. Este amor no muere nunca, como no lo hacen nuestros seres queridos: permanecen en nuestro corazón y en nuestro recuerdo para siempre. (Las PAS que creen en la otra vida se consuelan con el hecho de que la muerte es una transición a la vida eterna, de modo que volverás a reunirte con tus seres queridos). Al final, he comprendido que las PAS a menudo necesitan validar sus procesos emocionales, así que ten en cuenta lo siguiente: **llora todo el tiempo que necesites y con la intensidad que necesites.** Recuerda que siempre encontrarás ayuda si la necesitas. Procura recibirla de personas que realmente comprenden la profundidad y la intensidad de lo que te pasa.

TERCERA PARTE

UNA PERSPECTIVA ESPIRITUAL

Esta sección es para las PAS que se encuentran entre nosotros y que están abiertas a analizar el aspecto más espiritual de este rasgo. Todo cuanto hemos compartido en el libro hasta aquí te ayudará a manejar esta característica, pero aún hay más. Durante mis últimos diez años trabajando en la prisión, pasé por mi propia rehabilitación espiritual y descubrí los aspectos espirituales más profundos de ser una PAS. También me formé (fuera de la prisión) como terapeuta, con especial interés en las terapias espirituales y en sanar el alma, lo que resultó ser muy eficaz en mi propio viaje hacia la plenitud. Este apartado es una introducción a lo que aprendí por el camino y muestra cómo trabajo con las PAS a nivel personal para ayudarlas a encontrar lo que ellas a menudo sienten que es la «parte que habían perdido», y para sanar los problemas y los patrones negativos de su vida.

Para ser realmente capaz de comprometernos con los aspectos espirituales más amplios de la condición de PAS, primero debemos entender que, en términos espirituales, somos seres de naturaleza dual, lo cual significa que tenemos el yo de la personalidad (denominado el ego), que es la parte humana que hay en nosotros, y la parte divina o no física de nuestro yo –el alma–, que sigue existiendo tras nuestra muerte física.

Nuestra alma contiene nuestro espíritu, que es el término que se utiliza para designar al poder superior, la energía universal o la «chispa de Dios», o la energía divina que mucha gente cree que habita dentro de todos los seres y de todas las cosas. El primer capítulo de este apartado analiza la cuestión con más detalle.

Los capítulos que vienen a continuación tratan sobre el concepto de la existencia de una «impronta o plan divino» en nuestra vida, el concepto de las vidas pasadas y el valor de una terapia conocida como terapia de regresión (o de vidas pasadas), que ofrece una forma de acceder a la mente inconsciente y analizar las vidas pasadas de nuestra alma como un medio para resolver cuestiones o patrones que se repiten en nuestra vida actual. También ofrezco una visión de los aspectos esenciales de las vidas pasadas que muchas PAS suelen tener que afrontar y les ofrezco una perspectiva espiritual sobre temas como la depresión, la ira y el miedo en las PAS. Hacia el final del libro, hablaré de las habilidades intuitivas naturales y, a veces, psíquicas que muchas PAS tienen, antes de concluir el libro con un capítulo en el que se anima a las PAS a abrazar y vivir realmente su propósito, para que puedan ofrecer sus dones y sus habilidades únicas al mundo.

Si, una vez leída esta parte, no te identificas con el concepto de las vidas pasadas o no encaja con tu sistema de creencias actual, no pasa nada, por supuesto. No estoy aquí para convencerte de nada. Yo sólo estoy compartiendo lo que he aprendido a través de mi propio viaje como PAS y las experiencias de mis muchos pacientes, con la esperanza de que el simple hecho concienciarte sobre este enfoque ya te sirva de ayuda.

Durante mis primeros 32 años, sentía que no sabía lo que estaba destinada a hacer en la vida. Sin embargo, esta sección del libro muestra que, pensándolo mejor, una parte de mí, más sabia y con mayor conocimiento interior, siempre me había estado guiando hacia el propósito de mi vida de ayudar a los demás de alguna manera; sólo que en ese momento no era muy consciente de ello. Mi deseo es que, al leer esta parte del libro, adquieras conciencia y sintonices más con esta sabia parte de conocimientos interiores que forman parte de *tu ser*, para que tú también puedas experimentar un sentido más profundo del propósito y la realización en tu vida como PAS.

CAPÍTULO 15

Nuestra humanidad y nuestra divinidad: Ego, alma y espíritu

El objetivo de este capítulo es aportar claridad a las PAS que puedan tener un sentimiento o una certeza interior de que hay algo más, o algo más grande en sus vidas. También ayudará a que todos aquellos que experimenten intensos sentimientos intuitivos o tengan capacidades psíquicas o de sanación intrínseca puedan entender quiénes son en realidad en todas sus vertientes.

Por lo general, estamos predispuestos a pensar que sólo somos seres humanos en un cuerpo físico; sin embargo, hay una escuela de pensamiento que cree que en realidad somos seres espirituales que viven una experiencia humana, según hemos señalado en la introducción de este apartado del libro. A una parte de la personalidad de nuestro ser se la conoce como **ego,** luego está la parte divina, que es lo que realmente somos: un **alma** que está conectada y que pertenece al **espíritu** universal del que todos formamos parte, y que es una parte de todos nosotros. La combinación de todas estas piezas conforma nuestro yo auténtico.

El ego es la parte de la personalidad de nuestro ser que genera nuestras emociones y nuestros pensamientos. Cuando nos vamos haciendo adultos, el ego se ve condicionado por ciertas influencias fundamentales en nuestra vida como, por ejemplo, nuestro sistema educativo, la exposición a la religión y factores sociales y económicos.

El alma es la parte no física y espiritual que muchos creen que es capaz de reencarnarse una y otra vez para obtener distintas experiencias en forma humana y profundizar en la conciencia *(véase* el capítulo 16). También es el vehículo que alberga la eterna chispa de la energía universal y el amor, a la cual denominamos *espíritu.* Hay muchos otros nombres para describir esta energía divina, entre los cuales la Fuente, el Poder Superior, el Espíritu Santo, el Universo y la Presencia YO SOY, que es en última instancia el gran misterio, la fuerza divina omnipresente que reside dentro de todas las cosas y de todos los seres.

Nuestro viaje espiritual

Si elegimos creer en este poder superior y en la reencarnación del alma, entonces la teoría dice que antes de nacer, y entre vidas, somos almas que existen en el reino del espíritu. A medida que vamos creciendo y evolucionando entre una vida y otra, se puede considerar que pertenecemos a distintos grupos de almas, uno de los cuales incluye a las personas con alta sensibilidad. Como almas altamente sensibles que viven en el reino del espíritu, cuando somos testigos de lo que ocurre en el plano de la tierra, queremos ayudar o servir de alguna forma. En este reino, también reflexionamos sobre nuestras vidas pasadas, incluyendo aquello que hemos aprendido y aquellas cosas que se han quedado sin terminar o que no han sido sanadas. Esto, junto con las orientaciones y la ayuda invisible que recibimos mediante los guías espirituales y los ángeles guardianes que nos han sido asignados para protegernos y ayudarnos *(véase* el capítulo 19) nos permite crear una impronta para nuestra próxima vida, que predice cada aspecto de nuestra próxima encarnación humana. Se cree que este plan incluye todo cuanto tiene que ver con nuestra estructura genética, nuestra familia, el país y la cultura en la que vivimos, cuándo nos encarnaremos, el período de tiempo que viviremos y cuándo dejaremos físicamente esa vida. Se cree también que el alma precisa de esta «programación» para ayudarnos a experimentar ciertas lecciones y perfeccionar ciertas cualidades para que podamos seguir evolucionando continuamente.

Sin embargo, cuando nuestra alma adopta la forma humana nos olvidamos, experimentamos una especie de amnesia espiritual. Es una etapa por la que debemos pasar para volver a recordar quiénes somos en realidad. Mientras nos encontramos en este estado de amnesia temporal, el ego suele asumir el control, y toda su atención está centrada únicamente en el mundo exterior, en su búsqueda por encontrar satisfacción y felicidad. Como tal, tiende a considerar que ciertas cosas como el dinero, el poder, el sexo y la fama son los objetivos primordiales en la vida. Por lo tanto, es competitivo y anhela asumir el control por sus ansias de poder. El ego cree que está separado del espíritu, de la fuente divina, y trata de hacernos sentir pequeños, nos convence de que nos falta algo, y de ese modo, nos impulsa a seguir demostrando nuestra valía a través de cosas como el dinero, una gran carrera o el éxito. El miedo es su mayor motivador y tiene una mentalidad controladora debido a lo que se consideran dos de nuestros miedos básicos: el miedo a la muerte y el miedo a no ser lo suficientemente buenos.

Si seguimos descuidando la parte del alma en nuestro interior, el hecho de enfocarnos en las necesidades externas superficiales puede llevarnos a desarrollar un sentido exagerado de nuestro ser o, todo lo contrario, a no amarnos a nosotros mismos en absoluto. Esto es lo que suele ocurrir en el caso de las PAS, sobre todo si han crecido en familias o en sociedades en las que el rasgo de la alta sensibilidad no se reconoce o no se valora. Así es como la mentalidad del «no soy lo suficientemente bueno» se arraiga en el ego a largo plazo. El ego precisa encontrar el equilibrio y es entonces cuando suelen empezar a tener lugar las llamadas de alerta del alma. Nuestra alma nos invita a recordar nuestra naturaleza divina.

MI DESPERTAR ESPIRITUAL GRADUAL

Mis primeras experiencias con seres espirituales y ángeles tuvieron lugar cuando era niña y sentaron las bases para mí del conocimiento interior sobre el espíritu, pero la única conciencia que tenía de ser un «alma» vino de oír repetidamente a otras personas que me describían como «un alma sensible» durante mis primeros años de vida. Una de las primeras experiencias directas que transformó esta conciencia del alma de ser un concepto a ser una verdad se produjo justo después del nacimiento de mi hijo, cuando tuve una experiencia fuera del cuerpo (EFC). Tras el nacimiento de mi hijo, me las arreglé como pude para sostener a mi bebé durante unos pocos minutos antes de desmayarme. Debieron trasladarme de vuelta a la planta principal y dejarme allí durmiendo con la cortina echada alrededor de la cama. Poco después, me desperté y me encontré a mí misma mirando mi cuerpo físico desde arriba. Todo era blanco y me sentía serena dondequiera que estuviera. Tuvieron que pasar varios segundos antes de que me diera cuenta de que era mi cuerpo físico el que estaba tumbado en la cama de abajo. La confusión se apoderó de mí, empecé a sentir miedo y caí presa del pánico. Recuerdo con toda claridad que no paraba de pensar una y otra vez: «¡Dios mío, no voy a poder volver a entrar!». Entonces, de repente, fue como si una especie de fuerza energética me estuviera arrastrando para que volviera a mi cuerpo y empecé a gritar antes de abrir los ojos. Una vez que pude abrirlos me di cuenta de que estaba de vuelta a mi cuerpo.

Fue mi ego/yo de la personalidad el que empezó a sentir pánico cuando miraba mi cuerpo físico ahí abajo, debido a la amnesia espiritual que el ego ha programado en su interior para olvidar cuál es su verdadero ser. Había vivido la experiencia de ser un alma sin las limitaciones del cuerpo físico. Ése fue el primer aviso del alma y el principio de una nueva forma de experimentar el mundo y las personas que viven en él. Durante esos pocos instantes/minutos/horas en los que estaba viviendo la EFC (antes de que la sensación de pánico se apoderara de mí), tuve una sensación de paz que nunca antes había experimentado en mi vida. El concepto del tiempo no existía y era como si yo formara parte del todo, cosa que ahora entiendo y creo que todos nosotros somos.

Es importante saber que incluso cuando nos encontramos en la fase de amnesia espiritual, lo que podríamos llamar nuestro yo divino nos hace saber constantemente que está presente a través de cosas como nuestros sentidos intuitivos, que pueden ser susurros del corazón, mensajes de guía interna de la parte más elevada y más sabia de nuestro ser que nos recuerdan incesantemente nuestro plan de vida (nuestra impronta divina), y las cosas que hemos venido a hacer o a mejorar, si es que elegimos escucharlos.

Así que ahora vamos a echar un vistazo al concepto de plan divino más detalladamente para comprender mejor por qué todos somos tal y como se supone que debemos ser en cada vida y, por lo tanto, por qué es tan importante aceptar todos los aspectos de nosotros mismos, incluyendo, por supuesto, todas nuestras cualidades innatas de PAS.

CAPÍTULO 16

Cómo reconocer nuestra impronta divina

Durante los diez años en los que trabajé en la cárcel, me sentí guiada a formarme en distintas prácticas terapéuticas y espirituales. Descubrí que tanto los presos como mis pacientes PAS fuera de la prisión a menudo presentaban patrones o temas destructivos en su vida, y tenían miedos y fobias irracionales que no se podían atribuir a ningún evento acaecido en esta vida. Por lo tanto, me sentí atraída a formarme en la terapia de regresión, también llamada terapia de vidas pasadas, que se describe en el capítulo 17 y que se basa en la noción de que puede ser útil analizar los patrones o temas negativos que podrían haber tenido lugar en nuestras vidas pasadas para que los podamos superar o sanar.

Como parte de esta formación, descubrí que el alma entra en cada nuevo cuerpo humano con un plan ya preparado para que tengan lugar ciertas experiencias o se aprendan lecciones concretas, o para que desarrollemos o perfeccionemos ciertas cualidades. Este capítulo trata las razones de este plan divino y ofrece una explicación acerca de por qué podríamos estar experimentando ciertas dificultades en nuestra vida actual y la riqueza de su propósito oculto.

También puede ayudarnos a explicar los momentos de *déjà vu* y por qué sentimos una conexión del alma tan fuerte con ciertas personas o lugares, aunque acabemos de conocerlos. Por ejemplo, ¿has visitado alguna vez un lugar completamente nuevo en el que has estado tan a gusto que te sientes como si ya hubieras pasado mucho tiempo allí antes? ¿O has notado alguna vez que sientes que ciertos amigos son más tu familia que tu propia familia biológica? Tu plan divino te brinda la explicación: siempre has estado destinado a ir a ese lugar o a conocer a esa persona, e incluso puede que hayas estado allí antes o también que la hayas conocido en una vida anterior. La buena noticia para las PAS es que este tipo de experiencias no sólo pueden llegar a ser menos intensas y difíciles de afrontar, sino que incluso pueden llegar a ser reconfortantes o satisfactorias una vez que aprendes a conectar con la sabiduría innata de tu alma y reconoces de dónde vienen y por qué podrían estar desplegándose de la forma en la que lo están haciendo.

Las películas de nuestra alma

Si en este momento ya hemos aceptado que nuestra alma tiene capacidad para vivir muchas vidas físicas, nos puede ser de utilidad considerar todas estas vidas como distintas películas. Es posible que los patrones o los temas se repitan si hay asuntos que no hemos sanado o finalizado, pero los escenarios y los personajes seguramente serán diferentes.

Sea cual sea la forma en la que elijamos mirarlo, la película de nuestra vida se ajustará al típico proceso de rodaje. Habrá una escena introductoria (nuestro nacimiento), el escenario de la película (el lugar en el que vivimos), la presentación de los personajes (nuestra familia, amigos y conocidos), una trama con distintos hilos argumentales y, para concluir, un final (nuestra muerte).

Espero que, al final de nuestras vidas, seamos capaces de entender de qué trataban nuestras vidas, que podamos descubrir los dones y las cualidades que se ocultaban en el guion y encontrar la sabiduría y las lecciones adquiridas a través de nuestras experiencias vitales. Si no lo gestionamos a nivel del ego (personalidad), entonces lo haremos a nivel del alma cuando ésta haya regresado a su hogar en los reinos espirituales. Una vez allí, nuestro equipo de rodaje revisará los aciertos y las deficiencias de esa vida antes de abordar la siguiente.

El alma sabe que la muerte no es «real»; que sólo nos despojamos de un cuerpo físico. También sabe que cada vida es únicamente la transición de una película a otra, por lo tanto, quiere experimentar más, ver más y crear más. Así que se planea, se crea y se termina la continuación de la primera película en otra vida. Luego otra, y otra, y todo ello usando las improntas divinas.

Dado que en el reino del espíritu en estado puro no hay separación, no hay opuestos y no existe más que la experiencia del amor, la paz y la unidad para que el alma evolucione y crezca, ésta tiene que experimentar todo lo contrario en el reino de la tierra. Aquí el alma puede adquirir la conciencia y la maestría de las emociones y las lecciones terrenales y es así como los asuntos que tenemos pendientes o los traumas que no hemos sanado en vidas anteriores nos llevan a crear tramas cada vez más profundas y complejas para cada «película». Y en este ciclo de interminable profundización en el crecimiento y la evolución del alma, podemos utilizar los mismos actores o actores distintos, lo que significa que los padres que tenemos en esta vida, podrían, por ejemplo, haber interpretado el papel de amigos o hermanos en otra vida.

Temas universales

Las razones individuales que motivan nuestros planes son numerosas, sin embargo, sólo nuestra propia alma y nuestro propio espíritu poseen la capacidad de comprender las verdaderas razones de nuestra encarnación actual.

Sin embargo, hay algunos temas y objetivos universales que son válidos para todas nuestras vidas y para todas nuestras improntas. Son los siguientes:

- Recordar quiénes somos realmente. Despertar nuestra divinidad, es decir, nuestra alma y nuestro espíritu.
- Alcanzar el conocimiento personal y espiritual.
- Abordar cualquier desequilibrio kármico entre un alma y otra. Refranes como «cosechas aquello que siembras» y «todo lo que va, vuelve» son, en esencia, verdaderos, pero no de la manera en la que la mayoría de las personas suelen entenderlos. El karma es un

proceso de reequilibrio (y no es de ninguna manera una forma de castigo por acciones del pasado).

- Servir a los demás: éste es uno de los aspectos fundamentales del viaje del alma.
- Ser una expresión del amor. Esto es parte del plan prenatal universal de todas las almas. Aunque un alma haya elegido interpretar un papel «negativo» para otra alma en una vida, en última instancia, esa decisión se basará en el amor durante la etapa de la programación del plan. Dicho de forma más simple, supongamos que un alma tiene un patrón recurrente que trata el tema del abandono en su historia. Si hay asuntos pendientes o se necesita una sanación, el alma junto con su equipo espiritual decidirá trabajar en este tema de nuevo para poder sanarlo. En la etapa de planificación, otra alma aceptará interpretar el papel del progenitor que la acabará abandonando en la siguiente vida. El alma será consciente de que eso le causará un gran dolor con respecto a la personalidad una vez que se haya encarnado y se haya reactivado dicho patrón. En lo que respecta al alma, sin embargo, la decisión de representar ese papel se toma en un lugar de gran amor. Se entiende que para poder sanar estos patrones que se repiten, el alma que interpretará al hijo o a la hija necesita volver a experimentar esos sentimientos de abandono antes de poder sanarlos. Como almas, vemos la imagen completa y el propósito más elevado de los retos y las lecciones que experimentamos.

Vamos a echar un vistazo a algunos de los temas que parecen repetirse muchas veces en las improntas de las PAS, teniendo en cuenta que son las cosas que tu alma trata de enseñarte o que debes mejorar. Son los siguientes:

- Sanar tus heridas más profundas en todos los niveles del ser. Esto significa sanar cualquier herida de la infancia y los patrones que nuestros progenitores nos han inculcado, así como liberar los traumas de vidas pasadas.

- Hacer brillar la luz en tu propia oscuridad interior (a la que a menudo llamamos sombra) para que estos aspectos ocultos o que rechazas de tu personalidad no se proyecten en el mundo exterior.
- Encontrar el «hogar» en tu interior y aquí en la tierra, y sanar cualquier sentimiento de «añoranza».
- Sanar el papel arquetípico de «víctima» en el que las PAS a menudo se pueden quedar atascadas, o cuestiones relacionadas con el poder, debido a que se sienten diferentes, alejadas de los demás, o a que han vivido persecuciones espirituales en vidas pasadas.
- Reconocer que se sienten maestros.
- Reequilibrar cualquier carga kármica.
- Servir a los demás: Generalmente tanto a nivel social como a nivel individual.
- Expandir la luz: De ahí la razón por la cual a las PAS se las llama «trabajadores de la luz» en los reinos angélicos.
- Y, para terminar, el tema universal de todas las PAS es el amor, la bondad y la compasión no sólo hacia los demás, sino también hacia sí mismas. Muchas PAS son altruistas, lo cual es una cualidad fantástica, a menos que vaya en detrimento de su propia salud y felicidad. Todos hemos venido a dar, a recibir y a experimentar el amor en todas sus formas.

Conectar con nuestra sabiduría innata

Es posible que tu ego se sienta provocado cuando leas esto y puede que empieces a ponerte a la defensiva y te sientas enojado al recordar algunas de las heridas que has vivido con ciertas personas en tu vida. Lo sé porque eso es lo que me ocurrió a mí cuando recibí estas enseñanzas por primera vez. Mi ego gritaba desafiante que era imposible que ninguna parte de mí (ya fuera el alma o cualquier otra) hubiera podido elegir de manera activa rodearme de ciertas personas negativas en mi propia vida o experimentar algunos de mis propios traumas.

Pero cuanto más me conectaba con la sabiduría innata del alma, más empezaba a admitir que sabía algo que mi yo del ego no sabía, lo cual me permitió descubrir los regalos que todas estas experiencias me brindaban. Por ejemplo, si no hubiera experimentado el miedo, no habría podido cultivar el coraje, y si no me hubieran herido tan profundamente, no habría podido practicar el perdón.

Así pues, mientras que desde la perspectiva de la personalidad o del ego muchas experiencias me parecieron desafíos abrumadores en el momento en que tuve que afrontarlas, desde la perspectiva del alma (o espiritual) había razones claras para cada experiencia e interacción.

Por lo tanto, te animo a que hagas de mediador con tu ego y que le pidas que se reserve sus opiniones mientras, en lo que concierne al alma, compruebas si te sientes identificado en tu fuero interno con alguna de las cosas que estamos diciendo. Y, sobre todo, no te preocupes si no lo entiendes, o si te parece que todo esto excesivo, o si ahora mismo no te identificas en absoluto con ello. El mero hecho de que lo estés leyendo ya demuestra que estás dispuesto a aceptar y a amar todos los aspectos de ti mismo, tanto si los entiendes como si no, y el hecho de comprender la idea de las improntas divinas es sólo una pequeña parte de ello.

En el próximo capítulo, nos sumergiremos un poquito más en la idea de las vidas pasadas y la reencarnación, en cómo éstas pueden estar vinculadas a acontecimientos de nuestra vida actual, y en cómo el hecho de sentir curiosidad por ellas puede, por ende, aportarnos una mayor comprensión sobre nosotras mismas en cuanto que PAS.

CAPÍTULO 17

Cómo explorar nuestras vidas pasadas

Gracias a mi formación en la terapia de regresión, o en la terapia de vidas pasadas, tal y como he mencionado anteriormente, descubrí que nuestras almas pueden reencarnarse varias veces, lo que significa que cada uno de nosotros podría haber vivido cientos, o incluso miles, de vidas.

Tal y como he explicado en el capítulo anterior, se cree que cada una de estas vidas ofrece la oportunidad a nuestra alma de adquirir experiencias muy valiosas. Y al final de cada vida, cualquier asunto pendiente –en particular, el dolor o los traumas no resueltos– queda grabado en el cuerpo etérico (una de las capas de nuestro campo de energía personal, nuestra aura), de modo que dejan que el alma elija si se reencarna de nuevo o no para sanar esos traumas sin resolver en la siguiente vida.

Muchas de las PAS que han participado en mi investigación estaban interesadas en las vidas pasadas y en el concepto de la reencarnación, y muchas de ellas también habían realizado alguna sesión de regresión a una vida pasada (*véase* más abajo el recuadro que ejemplifica cómo se podría desarrollar dicha sesión). Después de haber participado en una de estas sesiones conmigo o con otro terapeuta profesional, muchas de ellas declararon que se habían producido cambios significativos en cuestiones que llevaban mucho tiempo pendientes o en patrones recurrentes en su vida que no habían logrado cambiar con el enfoque tradicional u otras ayudas psicológicas. Otras comentaban que sintieron una profunda sensación de paz y confianza al saber que el alma prevalece y que la muerte física no es el final.

UNA SESIÓN DE REGRESIÓN A UNA VIDA PASADA

Una típica sesión de terapia de regresión empieza con el paciente acostado, se le conduce a un estado de relajación y luego se centra la atención en la cuestión que se presenta. Hay tres maneras distintas de acceder al subconsciente. La primera es que la persona se visualice descendiendo por una escalera y abriendo una puerta al llegar abajo, mientras yo cuento de diez a uno; la segunda es una meditación guiada en la que la persona se sube a un globo aerostático y mira hacia abajo mientras ve pasar los países por debajo de ella; y la tercera es centrarse en cualquier área del cuerpo en la que sienta dolor o malestar.

Por lo general, uno de estos métodos permitirá al paciente entrar en un estado de relajación lo suficientemente profundo, sin que su mente consciente se interponga en el camino, para poder acceder a la conciencia de una vida anterior.

Durante este proceso, el paciente normalmente se experimenta a sí mismo con un cuerpo y una personalidad distinta. La sesión va siguiendo la historia de lo que ocurre en esa vida y se observa si se produce algún trauma durante ésta o en el momento de la muerte. El personaje experimenta la historia de la vida pasada directamente en el cuerpo físico, y no como un observador separado de ella. El espíritu de ese personaje de la vida pasada deja entonces su cuerpo físico en el momento en el que muere en esa vida y se le guía entonces hasta un reino espiritual. Una vez ahí, se trabaja cualquier asunto que haya quedado pendiente en el cuerpo, las emociones o los pensamientos de esa vida pasada, para que puedan ser liberados y sanados (para más información sobre este tema, *véase* más adelante una explicación de lo que llamamos «el reino del bardo»). Luego, al final, comparamos la historia de la vida pasada con lo que está ocurriendo en la vida actual del paciente e integramos la nueva conciencia y el aprendizaje del personaje de esa vida pasada antes de concluir la sesión.

Las vidas pasadas pueden ser un tema delicado para cualquier persona, especialmente si el concepto de reencarnación representa un obstáculo para sus creencias personales o religiosas. Y lo entiendo perfectamente, así que no tengas ningún reparo en tomar de esta sección del libro lo que te vaya mejor para tu viaje, dondequiera que estés en él. Sin embargo, ten en cuenta que la información que aquí se te ofrece está basada en años de trabajo clínico en el ámbito de la terapia de regresión llevada a cabo por profesionales como la doctora Winafred Blake Lucas y mi propio mentor, el difunto doctor Roger Woolger.

A juzgar por sus descubrimientos, está claro que los patrones que se repiten en nuestra vida actual se pueden eliminar cuando entendemos nuestras propias vidas pasadas. Roger Woolger escribió dos libros excelentes sobre este tema: *Otras vidas, otras identidades* y *Healing your Past Lives: Exploring the Many Lives of the Soul (Sanar tus vidas pasadas: explorar las muchas vidas del alma)*. En este último, describe cómo las vidas pasadas influyen en nuestra vida actual de esta manera: «Si imaginas tu psique como un ordenador, podrás pensar en las vidas pasadas como programas antiguos y corruptos que obstaculizan su funcionamiento. Igual que esos programas indeseables que no puedes borrar, se siguen ejecutando una y otra vez en los profundos recovecos de tu psique, agotan sus recursos, hacen que funcione cada vez más lentamente e incluso llegan a bloquearse por completo».

Cuando se trata de trabajar con las vidas pasadas, es importante que las PAS entiendan que *todos* hemos vivido vidas en las que hemos hecho cosas «malas», además de las buenas. Las almas altamente sensibles tienden a distanciarse de esas vidas más oscuras, pero la mayoría sigue arrastrando una profunda herida en su psique en relación con el tema de la culpa o la vergüenza por las cosas malas que puedan haber hecho en vidas anteriores. Por lo tanto, a veces, el simple hecho de *saber* que los temas de las vidas pasadas podrían ser la fuente de los conflictos en la vida actual puede empezar a despertar la nueva conciencia, la transformación y el potencial de sanar.

Conflictos habituales de vidas pasadas para las PAS

He estado guiando a pacientes en regresiones como parte de mi práctica terapéutica durante más de una década y me he dado cuenta de que hay ciertos temas recurrentes en mis pacientes PAS con respecto a cuestiones que a menudo proceden de vidas pasadas, así que me gustaría compartirlos aquí contigo para ver si tú también te identificas con alguno de ellos:

Temas de abandono: Pueden estar relacionados con vidas pasadas en las que las PAS fueron abandonadas, se quedaron huérfanas o fueron separadas de sus seres queridos, ya sea debido a alguna crisis o de forma deliberada. A nivel espiritual, las PAS también se pueden sentir abandonadas o separadas del Espíritu/Dios cuando se encarnan en un cuerpo físico.

Depresión y fatiga crónica: Aquellos pacientes que descubrieron que tenían un dolor no resuelto en una vida pasada, o que quizás se habían suicidado o habían albergado insoportables sentimientos de desesperación, a menudo también se pueden sentir desesperados, deprimidos o faltos de energía vital en esta vida.

Sentirse constantemente culpable o excesivamente responsable: Estos sentimientos pueden estar relacionados con vidas pasadas en las que una persona puede haber tomado una decisión muy mala, o haber estado involucrada o haber sido responsable de la muerte de otra persona. Algunos de mis pacientes PAS, por ejemplo, se han dado cuenta de que en vidas anteriores ocuparon roles de liderazgo, por ejemplo, en el mundo del ejército, en las cuales tuvieron que dar órdenes que acabaron provocando la muerte de varias personas. Otras se dan cuenta de que formaron parte de antiguas prácticas sacrificiales muchas vidas atrás como parte de su cultura religiosa.

Miedo (incluye las fobias y los trastornos de ansiedad): Estos temas suelen estar causados por ejemplos de opresión, rechazo o persecución en vidas pasadas, que incluyen muertes traumáticas tales como ahogarse, morir quemado o asesinado de otra manera. (Este tipo de trauma lo han vivido millones de personas a lo largo de la historia).

Antiguos problemas de salud o económicos: A menudo se relacionan con lesiones, accidentes o muertes no resueltas, y con vidas de pobreza y escasez respectivamente.

Temas familiares/dificultades en las relaciones: Éstos pueden estar relacionados con desequilibrios de poder en vidas pasadas que deben ser abordados, especialmente si hay viejas cuentas que saldar, temas relacionados con la venganza o casos de adulterio.

Desempoderamiento: Los sentimientos actuales de desempoderamiento en las PAS a menudo suelen estar vinculados con el hecho de que han abusado de su poder en vidas pasadas y, por lo tanto, sienten miedo de volver a ser poderosos para evitar más consecuencias negativas.

He aquí un breve repaso de algunos temas esenciales que a menudo emergen durante el trabajo con las vidas pasadas, pero ¿has notado si surgía alguna reacción o emoción en el cuerpo mientras los leías? En caso afirmativo, dispones de mucha más información sobre este tema, así que, si deseas obtener más información, te recomiendo que empieces a leer el libro de Roger Woolger *Otras vidas, otras identidades* y que sigas profundizando a partir de ahí.

PERCEPCIÓN SOBRE ALGUNOS DE LOS APRENDIZAJES DE MIS VIDAS PASADAS

En esta vida he adoptado muchos patrones relacionados con el miedo, la pérdida de poder y la lucha, los cuales he podido rastrear a través de regresiones a vidas pasadas que me han permitido determinar que éstos están relacionados con el concepto de la supervivencia en vidas pasadas.

Un ejemplo de ello tuvo lugar en el año 2006: justo antes de mi formación en regresión, había estado saliendo con un hombre alemán que estaba temporalmente de visita en el país. Tras despedirme de él en la estación de tren, experimenté un poderoso momento de *déjà vu* en el que rompí a llorar. Sentí que ese estallido de emoción no era proporcional a los sentimientos que tenía por él. El siguiente fin de semana, durante mi formación, hice una regresión a una vida pasada en la que yo había muerto en las cámaras de gas de un campo de concentración en Alemania. El hecho de revivir el trauma de ese personaje de una vida pasada en la que murió asesinado fue bastante horrible, pero mi «yo» de esa vida también era consciente de que ya no estaba en esa vida en ese momento. Es como si una parte de mí fuera el personaje y otra parte de mí fuera yo en esta vida. Yo era un hombre en esa vida, y habían montado a mi esposa y a mi hijo en un tren distinto al mío. El tema de esa vida pasada estaba relacionado con la supervivencia y con no perder la esperanza. Había un guardia en el campo de concentración que me había mostrado cierta amabilidad cuando nadie le veía. A menudo me hacía una señal o un ademán que mantenía vivo ese sentimiento de esperanza, y mi cuerpo había conservado ese recuerdo en su campo etérico (aura) y en su memoria celular.

En esta regresión a una vida pasada, aprendí que tenía una gran fuerza interior, y que la esperanza y la fe eran suficientes para seguir adelante incluso aunque sintiera que los acontecimientos externos eran demasiado abrumadores y deseara rendirme.

No sé si el hombre con el que salía en ese momento era el guardia en esa vida, pero en la sesión me quedó claro que la conexión con Alemania y el hecho de despedirle en el tren había desencadenado ese recuerdo del alma. Y también me quedó claro que nos habían reunido como parte del plan prenatal de mi alma para recordar y sanar los efectos residuales de mi vida anterior, que era principalmente el miedo debido a que me habían tratado de forma inhumana. Tal vez esa vida como prisionera fue también otro de los factores que me impulsaron a trabajar en una cárcel en esta vida y a querer a ayudar a los presos a rehabilitarse.

Esa vida pasada resolvió un problema físico que había padecido durante años para el cual las pruebas médicas no habían encontrado ninguna explicación. Desde hacía varios años, me quedaba sin respiración mientras dormía y no podía respirar normalmente. Sin embargo, después de la regresión en la que descubrí que fui asfixiada en una cámara de gas, los síntomas desaparecieron. Por lo tanto, esa experiencia me brindó una gran comprensión de los problemas de mi vida actual no sólo a nivel físico, sino también emocional.

El efecto sanador de trabajar en las vidas pasadas

La terapia de regresión, o de vidas pasadas, es un trabajo muy profundo. Actúa en el cuerpo donde se almacenan los traumas y los recuerdos de vidas pasadas en la memoria celular. En mi experiencia, muchas PAS necesitan más tiempo para procesar las sesiones de regresión que las personas que no lo son. A menudo, al principio se sienten abrumadas por la repercusión que tiene el hecho de liberar las emociones inconscientes y profundamente arraigadas que se han quedado atascadas en el cuerpo, y por el hecho de soltar los patrones negativos de pensamiento de esas vidas.

Su sistema nervioso a veces puede sentirse sobreexcitado y sobreestimulado debido a que tienden a procesar a un nivel muy profundo de forma natural como parte de la condición de PAS.

Si eres una PAS, es imprescindible que te pongas en contacto con un terapeuta de vidas pasadas en quien confíes, o que también sea una PAS, para hacer este tipo de trabajo. Te conviene encontrar a alguien que entienda esta característica y con quien intuitivamente te sientas a gusto.

En el momento de hacer una sesión, el aspecto más importante al trabajar con una vida pasada no es la historia o los sucesos que surgen en una sesión de vidas pasadas, sino la sanación de los pensamientos, sentimientos, emociones y creencias pendientes de esa vida pasada. Cuando el personaje de una vida pasada se enfrenta a la muerte en esa vida, percibe y experimenta que el cuerpo espiritual se desprende del cuerpo físico mientras es guiado hacia la luz. Eso sirve para que el personaje de la vida pasada pueda experimentar la conclusión de esa vida.

El trabajo de sanación tiene entonces lugar en el «reino del bardo», el cual, de acuerdo con la tradición budista tibetana, es un reino intermedio entre vidas donde la consciencia del espíritu pasa un tiempo que le sirve de ayuda para soltar esa vida pasada antes de volver a nacer. Aquí, el personaje de la vida pasada puede soltar conscientemente cualquier pensamiento, sentimiento, o miedo obsesivo o repetitivo que haya podido quedar de esa vida.

El tiempo que se emplee para hacer el trabajo de sanación en ese reino es diferente según cada personaje. Algunos precisan de más tiempo que otros dependiendo de lo que cada uno necesite resolver, pero es aquí donde pueden acceder a la ayuda de sus guías espirituales *(véase el capítulo 19 para más información al respecto)*. Una sesión suele durar un promedio de unas dos horas en total, pero la mayoría de los pacientes tienen la sensación de que no han estado tanto tiempo, ya que parece que el tiempo les pasa muy rápido.

Una ventaja añadida de trabajar en las vidas pasadas es que también puede ayudar a disipar cualquier miedo a la muerte en tu vida actual, ya que te permite experimentar la sensación de que tu «cuerpo espiritual» se está dirigiendo hacia la luz. Esto nos ayuda a crear un profundo sentido de conciencia interior de que la muerte física es sólo una transición por medio de la cual puedes atravesar la puerta de este mundo para entrar en otro.

Espero que este capítulo haya servido para mostrarte que la terapia de regresión puede desempeñar un papel muy importante en el proceso de sanación de algunas PAS en su viaje hacia la plenitud.

El próximo capítulo se centrará en las dificultades a las que se suelen enfrentar muchas PAS desde la perspectiva de lo que a menudo llamamos la «perspectiva del alma». Puede ofrecernos una forma de ver nuestros desafíos o problemas desde una perspectiva más elevada en lugar de verlos desde la perspectiva del ego. Este capítulo contiene información sobre algunos de los principales «obstáculos del alma» con los que a menudo se encuentran las PAS, entre ellos el sentimiento de depresión o añoranza del hogar, o el miedo y la ira; así que espero que te sea útil.

CAPÍTULO 18

Cómo ampliar la perspectiva del alma

Este capítulo ofrece una perspectiva de algunas de las principales dificultades emocionales que las PAS pueden tener que afrontar a lo largo de *muchas* vidas, a las que a veces nos referimos como los «obstáculos del alma», entre las cuales están el sentimiento de añoranza espiritual, el miedo y la ira. A menudo, la conciencia de estos obstáculos de por sí ya puede brindar un gran alivio a las PAS, pero este capítulo también servirá para ayudarte a replantearlos y convertirlos en oportunidades para el crecimiento del alma.

Las PAS que ya están recorriendo un camino espiritual a veces pueden tener la idea equivocada de que todo en sus vidas debe ser únicamente «amor y luz», y de que todo debe ser fácil. Pero, como ya hemos comentado en el capítulo 16, en ocasiones han elegido cosas más difíciles relacionadas con el alma para llegar a adquirir la maestría y, por ende, deben lidiar con las emociones derivadas de esas experiencias en esta vida.

Cuando pasamos por momentos emocionales más oscuros y estamos luchando y tratando de encontrar la luz, las dudas pueden desviarnos y podemos perder la fe en esa presencia superior. Sin embargo, es precisamente entonces cuando alcanzamos la maestría en las lecciones espirituales de la confianza y de la fe. Es importante recordar que el espíritu siempre está con nosotros, incluso cuando no podemos sentir su presencia, e incluso cuando no somos capaces de ver una salida o la forma de superar esos obstáculos. El espíritu puede ayudarnos a entender que, al final, el sendero más oscuro podría ser el camino que nos lleve hacia esa luz tan brillante. Todo tiene que ver con cómo nos enfrentamos a las dificultades.

UNA LECCIÓN DE CONFIANZA EN LA SABIDURÍA SUPERIOR

Hay una parábola sobre un burro y un pozo que puede sernos muy útil para recordar el hecho de que siempre hay alguna parte divina presente en nosotros y que esa parte es capaz de encontrar «soluciones del alma» incluso cuando aparentemente no sepamos reconocer la forma de salir de una situación.

El burro de un granjero se ha caído en un profundo y oscuro pozo. El animal rebuzna lastimosamente durante horas mientras el granjero trata de averiguar lo que puede hacer. Como no encuentra la forma de salvarlo, decide que no le queda más remedio que poner fin a su sufrimiento. Así que pide ayuda a sus vecinos para que vayan y le ayuden a tapar el pozo. Agarran todos unas palas y empiezan echar tierra al pozo. Al principio, el burro rebuzna desconsolado y, poco después, para sorpresa de todos, el animal se tranquiliza. Tras unas cuantas paladas más de tierra, el granjero mira hacia abajo y se queda asombrado por lo que está viendo. Cada vez que una palada de tierra le golpea el lomo, el burro hace algo increíble: se sacude la tierra y da un paso hacia arriba. Y, a medida que los vecinos del granjero siguen echando tierra sobre el animal, éste sigue sacudiéndose la tierra del lomo y dando más pasos hacia arriba. Muy pronto, todos ven sorprendidos cómo el resiliente burrito se va acercando al borde del pozo y sale trotando hacia su amo.

¿Cuál es la lección? Bueno, la vida te va a echar tierra y porquería encima, a veces incluso mucha. El truco para salir de nuestro propio pozo profundo o de nuestro oscuro hoyo es usar la tierra o la porquería para dar un paso más hacia arriba. Cada paso que des, te acercará más a la luz y al final acabarás alcanzando la libertad.

Una técnica que te ayudará con los obstáculos del alma

Un método muy útil que puede ayudar a las PAS a procesar estos «obstáculos del alma» es incorporar lo que hemos denominado la «perspectiva del alma» o la «conciencia del alma» en el ejercicio de *tapping* que hemos recomendado anteriormente.

Para ello, empieza el proceso de *tapping* de la forma habitual con frase preparatoria, y a continuación empieza con las rondas de golpecitos como de costumbre para liberar cualquier emoción negativa (sigue las instrucciones que te indicamos en el capítulo 12). Por ejemplo, es posible que la frase preparatoria sea: «Aunque siento que estos obstáculos me superan por completo, me amo a mí misma y acepto cómo me siento». Y después podríamos seguir con rondas de golpes suaves que expresen cualquier pensamiento, sentimiento o emoción negativa, como, por ejemplo: «Siento que he llegado al límite, ya no aguanto más».

Luego, en el momento en que practiques *tapping* con los pensamientos o afirmaciones positivas, introduce un poco más de percepción del «alma» para comprender por qué, a un nivel más profundo, estás pasando por las pruebas a las que te estás enfrentando. Podría ser algo así como: «Tal vez, estoy aprendiendo a mejorar la... (resiliencia, resistencia, fuerza interior) a nivel del alma. Mi alma sabe que nunca se le da más de lo que puede soportar».

El hecho de añadir una perspectiva del alma como ésta al ejercicio puede ayudar a las PAS a empezar a ver los obstáculos como pruebas espirituales concebidas para el crecimiento del alma y para un aprendizaje más elevado.

Los obstáculos esenciales del alma

A continuación, te presento una serie de problemas emocionales recurrentes que tienen su raíz en historias de vidas pasadas que mis pacientes PAS han tenido que afrontar. Y al término de esta parte, te proporcionaré una breve, pero efectiva, meditación guiada para ayudarte a resolver estas cuestiones mediante tu propia sabiduría y guía del alma.

Una sensación de depresión y «añoranza del hogar»: En el capítulo 4, se menciona el hecho de que uno tiene una sensación de que no encaja en ninguna parte, de que no forma parte de nada, pero para algunas PAS este tema puede ser más complejo, e incluso podría convertirse en una experiencia que se podría describir como el sentimiento de no pertenecer a esta tierra y el anhelo de volver a los reinos espirituales, a ese lugar que está más allá de este mundo. Esta sensación de alienación puede desencadenar sentimientos de depresión y lo que se ha dado en llamar la «añoranza del hogar espiritual». El obstáculo de la añoranza del hogar puede ser uno de los temas de los cuales les resulte más difícil hablar a algunas PAS, ya que, a menudo, no entienden lo que es y tienen miedo de que, si se lo comentan a alguien, se les acabe diagnosticando una enfermedad mental, o que lo que digan sea mal interpretado y se tome como un pensamiento suicida. Sin embargo, ese sentimiento no es ninguna de esas cosas, sino algo completamente diferente.

En mis investigaciones, he descubierto que muchas PAS han tenido esa sensación de añoranza del hogar en distinta medida. A continuación, presentamos dos perspectivas útiles relacionadas con lo que han sentido:

«En todos estos años he tenido momentos en los que me he sentido deprimido y sin ganas de estar aquí. Nunca pensé en el suicidio. Es difícil de explicar. Es como una sensación de añoranza del hogar. Pero cuanto más fuerte es mi conexión con el espíritu y con mi ser superior, más fácil me resulta todo. La vida está llena de sincronicidades y de magia. Es evidente que hay que superar pruebas y dificultades, pero ahora ya sé de dónde vengo y para qué estoy aquí. Me siento profundamente afortunado por ello».

«Más o menos desde los 15 años, tengo recuerdos de haber sentido añoranza del hogar. No la sentía todo el tiempo, sólo de vez en cuando. Nunca he sabido exactamente, y sigo sin saberlo, lo que la desencadenaba, pues parece que se presenta de manera muy azarosa. Es una

sensación que aparece justo en la boca del estómago y que casi me pro-
duce ganas de llorar, es una sensación tan intensa que me encantaría
dejar todo cuanto me rodea e irme a ese lugar que tanto anhelo. Toda-
vía me sucede con bastante frecuencia, pero ahora que entiendo por qué
me pasa, puedo dejar que ocurra sin preocuparme».

La clave para sanar estos sentimientos es llegar a darnos cuenta de que ese «hogar» se encuentra en nuestro propio interior y entender que ese espíritu reside *dentro* de nosotros y no *fuera* de nosotros. Al final de este capítulo ofrecemos una meditación guiada que puede ser de utilidad.

El miedo: Para las PAS, otro obstáculo que deben afrontar a lo largo de distintas vidas suele ser el miedo. Desde la perspectiva del alma, esto se puede atribuir a la falta de confianza en uno mismo, en la vida o incluso en Dios/la Fuente/el Universo. El miedo nos desconecta de nuestra intuición, de nuestro corazón y de nuestros verdaderos sentimientos. La clave para liberarnos a nosotros mismos es convertirnos en el observador, dar un paso hacia atrás y recordar que no somos nuestros miedos; que no somos nuestras emociones. Somos almas en cuerpos humanos; estamos aquí para experimentar diversas emociones y sentimientos para que nuestra alma pueda crecer y evolucionar.

Conviene que recordemos que cuando el mar de las emociones se agita, es necesario que se forme una ola que alcance la cresta para finalmente acabar derrumbándose. Como alma, puedes aprender a coger las olas si imaginamos que tú eres el surfista y tu ego es la tabla de surf. Es posible que la tabla de surf reciba golpes y magulladuras emocionales, pero el alma sabe que está aprendiendo y creciendo con cada experiencia. Unas veces las aguas son tranquilas, otras veces están embravecidas, pero los surfistas sólo pueden practicar cuando las condiciones son propicias y las olas están lo suficientemente agitadas. Éste es el escenario que les confiere la destreza necesaria en esa habilidad para al final acabar alcanzando la maestría.

La ira: A menudo, la emoción de la ira puede surgir en las PAS por un sentimiento de injusticia y por haber tenido que luchar constantemente contra las injusticias o la persecución en vidas pasadas. Esto hace que muchas se sientan «hartas de tanta batalla» en el alma. Sin embargo, la ira únicamente sirve para agravar los conflictos que ya existen en el mundo. Y, por lo tanto, nuestra verdadera vocación espiritual es alcanzar una comprensión más profunda de nuestros obstáculos mirándolos a través de los ojos del alma.

Si somos capaces de mirarlos a través de los ojos del alma, en lugar de hacerlo con los ojos del ego, podemos empezar a aliviar reacciones emocionales como la ira y entender las lecciones y los regalos en lo que respecta al alma que estos obstáculos te brindan. Una vez más, la meditación guiada que encontrarás a continuación te ayudará con este tema.

MEDITACIÓN DE LA CONCIENCIA DEL ALMA

Esta breve meditación ayudará a las PAS a acceder a una «perspectiva del alma» más profunda de sus propios obstáculos emocionales, para que puedan encontrar las lecciones y los dones que hay en ellos no sólo los de esta vida, sino también los de otras vidas.

Si eres nuevo en la meditación, basta con que aprendas a escuchar con el corazón y a confiar en lo que venga, sea lo que sea. No hay respuestas correctas o incorrectas y en caso de que no obtengas las respuestas de inmediato, no te preocupes. Es posible que te lleve un tiempo de práctica, y las respuestas se pueden presentar de cualquier forma o manera, ya sea en imágenes, sonidos, sensaciones físicas, sentimientos de emoción o incluso más tarde en nuestros sueños...

1. Encuentra un lugar tranquilo y cómodo para sentarte o tumbarte y haz unas cuantas inspiraciones y espiraciones profundas, para liberar cualquier tensión del cuerpo. Sigue concentrado en la respiración todo el tiempo que necesites; cuenta hasta cuatro en cada inspiración, y luego en cada espiración.

2. Cierra los ojos y lleva tu conciencia al chakra del corazón. Imagínate un sol dorado irradiando desde el centro de tu pecho. Sus rayos de luz dorada te llenan todo el cuerpo, se expanden hacia fuera y te llenan el aura. Siente que tus pies (si estás sentado) o tu espalda (si estás acostado) están firmemente arraigados al suelo. Pon la intención, en voz alta o en voz baja, en la petición de conectar con tu ser superior (o divino) para que te guíe en las dificultades a las que te enfrentas.

3. Ahora imagina que te encuentras de pie en la base de una colina o de una montaña. Empieza a caminar por un sendero que va ascendiendo cada vez más y más arriba hasta que llegues a la cima. Haz algunas respiraciones profundas y purificadoras, y luego contempla el hermoso paisaje. Pasados uno o dos minutos, una persona o un ser de luz se acerca caminando hacia ti. Siéntate junto a él o ella y pregúntale cualquier cosa sobre el viaje de tu propia alma en esta vida: puedes pedirle consejo sobre cómo lidiar con los problemas a los que te enfrentas y lo que puedes estar aprendiendo de ellos. Tómate el tiempo que precises, sea mucho o poco.

4. Cuando hayas recibido todo lo que tu ser superior desea que sepas por ahora, se levantará y se dispondrá a partir. Dale las gracias o un abrazo y despídete de él sabiendo que puedes volver a reunirte con él aquí, en este lugar sagrado, siempre que así lo desees. Cuando estés listo, empieza a descender de nuevo por la montaña y en cuanto hayas llegado al pie de la montaña, abre los ojos.

CAPÍTULO 19

Cómo reconocer la ayuda invisible

Cuando se atraviesan momentos difíciles, no es raro experimentar un profundo sentimiento de soledad, especialmente si eres una PAS que desde el comienzo siempre ha sentido que no «encajaba». Sin embargo, tal y como hemos mencionado en el capítulo anterior, es importante recordar que, desde un punto de vista espiritual, *nunca* estamos solos cuando nos enfrentamos a cualquiera de los retos que se presentan durante esta vida o más allá. Además del conocimiento general del espíritu en forma de nuestra propia sabiduría superior, muchas personas, incluida yo, creemos que también hay un equipo invisible de guías espirituales que nos apoya y nos orienta a lo largo del camino.

Prácticamente todas las religiones del mundo reconocen la existencia de los ángeles. Mi ángel me ha dicho que cada uno de nosotros tiene un ángel guardián que camina a nuestro lado y también un guía espiritual principal –y otros guías– que nos alientan y nos protegen. Se considera que tu guía espiritual principal ha vivido varias vidas en la tierra y ha alcanzado la maestría en muchos de los obstáculos terrenales. Y por eso son almas sabias y evolucionadas. Por otro lado, los ángeles *nunca* han experimentado la vida terrenal, aunque pueden adoptar una forma humana si hace falta.

Ambos son tus mayores aliados y están esperando que les pidas ayuda. La forma más fácil de hacerlo es decir algo parecido a esto: «Gracias, ángel de la guarda, gracias, guía espiritual por ayudarme con…». Piensa en ellos como si fueran tus mejores amigos. Puedes contarles cualquier cosa, sea lo que sea, o compartir cualquier problema o dificultad que puedas tener y te ayudarán a sentirte más ligero.

Generalmente, las PAS suelen ser más conscientes de sus guías espirituales que las personas que no son PAS, sobre todo porque son más sensibles a las energías sutiles debido a su alta sensibilidad de procesamiento sensorial, pero también porque están dotadas de habilidades psíquicas o de sanación innatas. Sin embargo, está claro que es importante reconocer que, aunque muchas PAS creen en ángeles y en guías espirituales, no *todas* lo hacen. Todos somos distintos, todos somos únicos, y eso es algo bueno.

No obstante, si eliges creer en ellos o mantener la conexión con ellos, entonces ¡tus guías y ángeles estarán eufóricos! Están ahí para ayudarte, así que están listos y esperando que les pidas ayuda siempre que la necesites. Muchas PAS se preocupan por si piden ayuda con demasiada frecuencia, pero no tienen por qué hacerlo. Nada es exagerado, nada es demasiado frecuente para ellos. El amor que sienten por ti es incondicional. Así que, ¿por qué no empezar a conectar hoy mismo con ellos?

Recuerda la meditación al final del capítulo 18. Puedes hacerla de nuevo, pero esta vez pon la intención de reunirte con tu ángel de la guarda o con tu principal guía espiritual en la cima de la montaña.

Como la niña altamente sensible que era, el hecho de ver o sentir a los espíritus era fácil y natural para mí. Una de las experiencias más profundas que tuve fue el día que aparecieron unos ángeles en mi habitación. No recuerdo qué edad tenía exactamente, tendría unos cinco años. Era de noche y yo estaba jugando con uno de mis muñecos de peluche favoritos. De repente, mi dormitorio se llenó con una bella y reluciente luz de color rosado pálido y melocotón. Los ángeles no tenían ningún rasgo facial. Sólo brillaban con una luz blanca translúcida e irradiaban una clase de amor que yo nunca antes había experimentado en mi vida. No he olvidado nunca esa experiencia y todavía ahora puedo ver la imagen con la misma claridad que la vi en ese momento. Tal y como has leído al principio del libro, aprendí a no hablar con nadie de esas experiencias espirituales y psíquicas, salvo con mi abuela. Ella también poseía el don de las habilidades psíquicas e incluso podía leer en las hojas de té, pero nunca hablamos de eso abiertamente por las creencias religiosas de casi toda la familia. Y, a medida que fui haciéndome mayor, solía percibir los ángeles o sentirlos a mi alrededor más de lo que podía verlos.

Mi ángel guardián y mis guías siempre me han hecho sentir su presencia, especialmente durante las crisis o en los momentos traumáticos. Ha habido varias ocasiones en las que he tocado fondo por completo y he pedido ayuda a gritos al mundo espiritual. Cada vez me han brindado el apoyo y la guía que necesitaba para lidiar con los obstáculos y las dificultades con los que me enfrentaba. A lo largo de mi vida, también me han visitado a menudo en mis sueños para proporcionarme la guía o la información que precisaba.

Pero fue al cumplir los 28 años cuando mi conexión con ellos se afianzó mucho más y las habilidades psíquicas de mi infancia volvieron a abrirse de nuevo. No estoy segura de por qué se abrieron entonces con más fuerza, tal vez fue porque estaba trabajando en mi evolución personal con un terapeuta en ese momento, o tal vez porque formaba parte de mi plan o tal vez porque simplemente dejé de reprimirlas u ocultarlas.

Muchas PAS niegan sus experiencias psíquicas e intuitivas, lo cual significa que las reprimen o las encierran en su sombra. Cuando empecé a compartir algunas de mis propias experiencias espirituales o psíquicas en el centro penitenciario en el que trabajaba, muchos de mis compañeros de trabajo también compartieron secretamente las suyas conmigo. Algunos habían visto cosas como fantasmas de funcionarios de prisiones y habían oído a esas almas agitando las llaves por un corredor vacío en el turno de noche. Sin embargo, no se habían atrevido a hablar de sus experiencias anteriormente por miedo a que les ridiculizaran o a que les dijeran que estaban locos. Conviene que hablemos de este tipo de experiencias con alguien que entienda o que trabaje con los espíritus, a fin de no reprimirlas.

Muchas iglesias espiritualistas y centros de salud natural ofrecen cursos para el desarrollo psíquico y espiritual. Pueden ser a menudo un buen lugar en el que empezar a hablar sobre cualquier experiencia que puedas haber tenido y para entender y desarrollar cualquier capacidad que puedas tener.

Sin embargo, si decides seguir este camino, recuerda que debes poner en práctica alguno de los métodos de protección energética enumerados en el capítulo 13 antes de llevar a cabo cualquier trabajo de desarrollo psíquico. No sólo es una buena práctica, sino que también es *el* paso más importante que puedes dar para evitar que cualquier espíritu negativo o influencia externa se pegue a ti, que es de lo que hablaremos brevemente en el próximo capítulo.

CAPÍTULO 20

Cómo ser conscientes de las almas en tránsito

Otro de los términos que podemos usar para los fantasmas que hemos mencionado al final del último capítulo es el de «almas en tránsito», también llamadas a veces «espíritus apegados», «espíritus en tránsito», o «almas perdidas».

Son los espíritus de las personas fallecidas cuya conciencia sobrevive y se aferra a otra persona viva. Sea por la razón que sea, se han quedado aquí «apegadas a la tierra» en lugar de hacer la transición hacia los reinos espirituales.

Es importante que seamos conscientes de la existencia de estas almas, ya que, a veces, las PAS pueden ser propensas a que estas almas se apeguen a su energía, porque suelen gozar de elevados niveles de empatía y compasión de forma innata y también porque muchas PAS trabajan en alguna profesión relacionada con «ayudar» y las almas en tránsito están buscando ayuda.

Este capítulo te proporcionará información sobre cómo saber si puedes tener algún espíritu apegado y sobre qué hacer en caso de que sientas que lo tienes. También te brinda la seguridad de que no sólo puedes protegerte a ti mismo para no atraerlos, sino que además hay profesionales capacitados que pueden ayudarte en caso de que así lo precises.

Se han escrito muchos libros interesantes sobre el tema de las almas en tránsito. Entre ellos se incluyen: *La posesión* de la doctora Edith

183

Fiore y *Spirit Releasement Therapy (Terapia de liberación de espíritus)* del difunto William J. Baldwin. En este último, Baldwin declaró que: «extensas pruebas clínicas contemporáneas sugieren que los espíritus de seres humanos fallecidos pueden influir en los vivos creando una conexión o un apego físico o mental, y posteriormente, imponiendo trastornos y síntomas físicos o emocionales».

El libro de Edith Fiore incluye un capítulo sobre la «desposesión» para aquellas PAS que deseen saber más sobre cómo eliminar las entidades por sí mismas. (La palabra «desposesión» suele evocar imágenes de exorcismos, pero no te preocupes, no se trata de eso. Es sólo el término que se usa). Personalmente, recomiendo que consultes con un terapeuta que trabaje con la liberación de espíritus o con un sanador espiritual que realice este tipo de trabajo, porque nunca se sabe qué problemas puede tener el alma en tránsito, especialmente si se trata de un alma traumatizada o si muestra un comportamiento negativo. Hay muchos psicólogos y psiquiatras que practican la terapia de liberación de espíritus. Yo misma recibí esta formación como parte del curso de la terapia de regresión.

Distintos tipos de almas en tránsito

Mi maestro Roger Woolger trabajaba con los espíritus apegados y fue mientras trabajaba con él cuando aprendí sobre las muchas clases de espíritus que se nos pueden adherir y las muchas razones por las cuales lo hacen. En este punto, me gustaría tranquilizarte diciéndote que la gran mayoría de las almas en tránsito son simplemente almas que se han quedado atascadas, se hallan perdidas, o confundidas, y en general, no suelen ser negativas ni maliciosas. Básicamente, suelen buscar la paz, la felicidad y la luz, igual que el resto de nosotros.

A veces, los ancestros o los seres queridos permanecen atascados en la tierra porque sienten que tienen asuntos pendientes que deben atender. Otros espíritus se quedan porque están particularmente vinculados a un lugar o a un ambiente específico, como, por ejemplo, un castillo o un lugar antiguo. Es posible que murieran luchando en esos lugares, o protegiéndolos, y aún sientan la necesidad de seguir haciéndolo. Si pensamos en las almas en tránsito de la cárcel, muchos funcionarios, e incluso presos, han pasado la mayor parte de su vida allí, por lo que están habituados a ese régimen de vida y, por lo tanto, pueden sentirse incómodos al tener que partir tras su muerte física.

Algunas almas que han muerto a causa de un trauma como, por ejemplo, un accidente, pueden quedarse atascadas en el lugar del accidente. Otras almas traumatizadas pueden permanecer en hospitales o en centros de salud mental. Mis guías espirituales me han dicho que el ángel de la guarda de un alma permanecerá con ella mientras ésta se encuentre en estado de *shock* o confusión, que le explicará lo que ha ocurrido y la guiará hacia la luz. Si el alma todavía no quiere partir, el ángel guardián deberá respetar su libre albedrío, pero permanecerá a su lado para que nunca esté completamente sola.

Las personas que se suicidan a veces pueden quedarse apegadas a la tierra, ya sea debido a un sentimiento de culpa, miedo o por sus creencias religiosas, en particular si éstas se basan en la idea de ir al infierno. Una vez más, mis propios guías y ángeles me han dicho que todas las almas que se suicidan reciben amor incondicional y que se las guía para que entren en la luz.

Hay otras almas que permanecen atadas a la tierra porque desean venganza o poder. Es imprescindible haber concluido la formación como asesor o terapeuta profesional para poder trabajar con este tipo de entidades debido a que pueden aparecer temas como la resistencia a irse o la manipulación. Si alguna vez tienes la intuición de que tal vez tengas un espíritu de este tipo en tu vida, busca ayuda en un terapeuta o un sanador que se dedique a liberar a los espíritus, a ser posible, uno que haya realizado la formación o la preparación específica en este tema.

Señales de que hay un posible espíritu en tránsito

Tras recibir mi formación como sanadora espiritual, a veces tenía la sensación de que mis pacientes llevaban consigo un espíritu en tránsito. Cuando oía comentarios como: «En este momento no estoy siendo yo mismo», «Ya no sé ni quién soy», o «No me encuentro bien desde…», entonces empezaba a buscar cualquier otro indicador de que pudiera haber algún espíritu apegado.

A veces, se reflejaban con la aparición repentina de problemas físicos sin causa aparente, tales como falta de energía, agotamiento, insomnio, molestias o dolor de cabeza; problemas de salud emocional y mental, disfunciones de la memoria, falta de concentración, aparición repentina de ansiedad o depresión, cambios de humor o un inesperado abuso del alcohol o las drogas. Si una persona ha consultado a un médico y no se ha encontrado ninguna causa médica para este tipo de síntomas, hay muchas probabilidades de que la causa de ello sea la presencia de un espíritu apegado. Las PAS pueden ser vulnerables a que se les adhieran este tipo de almas en tránsito a causa de cualquiera de las siguientes razones:

- Las almas en tránsito se sienten atraídas por las energías vibracionales más sutiles y ligeras de las PAS y por su intuición.
- También se sienten atraídas por su naturaleza empática y sensible.
- Las PAS a menudo se han «disociado» o han salido de sus cuerpos como estrategia para enfrentarse a ciertas cosas, especialmente si se criaron en una familia tóxica, maltratadora o desestructurada. Es posible que hayan salido de su cuerpo o que hayan tenido experiencias fuera del cuerpo o experiencias cercanas a la muerte. Esto deja sus auras en una situación de vulnerabilidad.
- Algunas PAS han utilizado el alcohol o las drogas como una forma de anestesiar las emociones que sentían o su sobreexcitación. El uso continuado de este tipo de sustancias debilita el aura y acaba por crear agujeros y puntos de entrada en ella que pueden hacerla vulnerable a las influencias externas. Sin embargo, eso mismo también puede ocurrirles a las personas que no son PAS.
- Muchas PAS tienen dotes psíquicas por naturaleza.
- A muchas PAS les gusta rescatar, arreglar o salvar a otras personas, lo cual puede resultar atractivo para las almas en tránsito que desean ser salvadas o rescatadas.
- En el caso de que las PAS no hayan realizado ningún tipo de protección energética antes de hacer la meditación, o antes de llevar a cabo cualquier forma de trabajo terapéutico, de sanación o psíquico con los pacientes.

A menudo, las PAS me preguntan cómo diferenciar los espíritus en tránsito de los guías espirituales o los ángeles. Lo diré en palabras simples: confía en tu intuición. ¿Tienes una sensación positiva o negativa? Los ángeles y los guías espirituales siempre producen una sensación positiva, amorosa, alentadora y esperanzadora a su alrededor. Sus energías son más sutiles, ligeras y estimulantes. No te harán sentir pesado, exhausto ni agotado. Tampoco te darán mensajes negativos ni te dirán que te dañes a ti mismo o a alguna otra persona.

Liberar a los espíritus en tránsito

Cuando trabajaba con pacientes PAS que tenían espíritus apegados a ellas, solía hablar con el alma en tránsito y la trataba como a cualquier otro paciente que asistía a mi consulta por derecho propio. Me presentaba, averiguaba las cosas básicas sobre ellas, y les preguntaba cuánto tiempo habían estado con mi paciente y por qué lo habían elegido. Entonces les preguntaba amablemente si eran conscientes de que estaban físicamente muertas y les explicaba que tenían un cuerpo espiritual. Y si se sentían confundidas por ello, les preguntaba si sentían los latidos de su propio corazón. Y era en este punto, al darse cuenta de que no los sentían, cuando generalmente tomaban conciencia de repente de que ya no estaban unidas a su antiguo cuerpo físico.

MI PROPIA EXPERIENCIA CON LOS ESPÍRITUS EN TRÁNSITO

Tuve que pasar por varias sesiones de limpieza de espíritus en tránsito de mi campo energético a lo largo de mi vida antes de aprender a protegerme y también a liberarlos.

La primera vez fue justo después de dar a luz a mi hijo y de tener una experiencia fuera del cuerpo. En esta ocasión, acababa de regresar a casa con mi hermoso bebé recién nacido, pero no me sentía yo misma en absoluto. En lugar de eso, me sentía completamente agotada y «gris», como si hubiese alguna otra fuerza allí conmigo.

La segunda vez fue después de sufrir un aborto espontáneo en 1997. A través de una sesión de sanación que realicé unos cuantos años después, descubrí que mi hijita se había quedado en la tierra y que se había adherido a mí porque quería «quedarse con su mamá».

La tercera fue una señora que había sido asesinada por un preso sentenciado a cadena perpetua. Se pegó a mí durante una sesión de terapia cuando acababa de empezar a trabajar en la cárcel. Una vez más, lo resolví con una sesión de sanación.

Y mientras estaba haciendo una formación sobre la terapia de liberación de espíritus con Roger Woolger, también descubrí otros tres espíritus apegados: un sacerdote que se había ocultado en un «agujero de sacerdote», una especie de escondite secreto durante la época de las persecuciones del siglo xvi, una anciana que esperaba que su marido volviera de la guerra y un general del ejército que se había quedado atrapado en la culpa tras la muerte de todos sus soldados; todos ellos fueron liberados durante mis sesiones de formación.

Les preguntaba cuál era la última cosa que recordaban antes de morir (si se encontraban en un accidente o en un hospital, por ejemplo), y por qué se habían quedado o a quién estaban buscando. En cuanto descubro sus motivos, les digo que la persona que están buscando les está esperando en los reinos superiores y les pregunto si están listas para reunirse allí con ella; la mayoría lo están. Si la persona que están buscando sigue viva en la tierra, les explico que, al ascender a los reinos superiores, tendrán muchas más posibilidades de acceder a ella o que la podrán ayudar mejor. Y suele funcionar para que sigan su camino.

Por supuesto, algunas almas en tránsito no desean irse de inmediato, así que es posible que sea necesario hacer una o dos sesiones más antes de que estén listas para partir. Sin embargo, para poner todo esto en contexto, y antes de que te empieces a preocupar por si tienes un espíritu apegado, quiero que sepas que, en mi trabajo, solamente me he encontrado con un porcentaje muy pequeño de PAS que lo tengan. Y también es importante decir que si un alma en tránsito se apega a una PAS por la razón que sea, lo más habitual es que sea solamente algo temporal.

Protegerte de las almas en tránsito

El hecho de proteger tu energía y de limpiar regularmente tus chakras y tu aura te servirá de ayuda para evitar atraer a los espíritus que se apegan, puedes consultar el capítulo 13 y repasar los diversos métodos para hacerlo. También he publicado un CD que te servirá de guía para llevar a cabo el proceso de proteger y limpiar tus chakras y tu aura. Si estás interesado, está a tu disposición y se puede descargar en mi página web; *véase* «Recursos adicionales».

También puedes pedir a tu guía espiritual y a tu ángel de la guarda que te limpien de cualquier alma en tránsito que puedas tener adherida.

Además, resulta tranquilizador saber que se está haciendo un trabajo de rescate continuo en los reinos superiores para ayudar a estas almas a hacer la transición de una forma pacífica a escala universal. Y muchas PAS a las que se les ha otorgado habilidades psíquicas, mediúmnicas o de sanación han elegido ayudar al alma y están colaborando en este trabajo de rescate haciendo de intermediarias.

Como nota final, cuando miramos a través de los ojos del alma en lugar de hacerlo a través de los ojos del yo de la personalidad (ego), es un gran honor y un privilegio participar en el rescate o la salvación de otra alma que se encuentra perdida o atascada en el miedo y la oscuridad para ayudarla a hacer la transición a los reinos superiores de amor, paz y luz.

CAPÍTULO 21

Cómo mantener
el equilibrio interior

Como nos vamos acercando al final del libro, este capítulo pretende profundizar en la forma de mantener el equilibrio de nuestros cuerpos físico, emocional, mental y espiritual a fin de alcanzar la sensación de armonía interior, incluso para las PAS más sensibles.

Como sanadora y terapeuta, soy consciente de que dentro de cada uno de nosotros existen dos canales de energía fundamentales: la energía femenina interna y la energía masculina interna, a menudo llamadas yin y yang, respectivamente. La femenina se suele asociar con la intuición, la receptividad y el ser, mientras que la energía masculina se asocia con la lógica, la acción y el hacer. Equilibrar la energía interna femenina y la masculina no siempre es fácil, sobre todo porque en el mundo acelerado de nuestros días cada vez nos exigen más la sociedad, la cultura y nosotros mismos. Lograr el equilibrio requiere práctica y conciencia de los antiguos patrones, creencias y condicionamientos. Sin embargo, es sumamente importante que tratemos de conseguirlo, por nuestro bienestar general y por una sensación de totalidad.

Seas hombre o mujer, tienes en tu interior tanto una energía masculina como una femenina. Tener una energía interior femenina sana nos puede permitir ser intuitivos, confiar en nuestros sentimientos y expresar ideas y creatividad desde dentro, mientras que la energía masculina nos puede permitir establecer límites, ser enérgicos cuando hace falta y poner en práctica las ideas. Lamentablemente, muchas PAS suelen tener estas energías en desequilibrio y, por consiguiente, a menudo alternan entre una y otra o bien permanecen en una sola polaridad.

Estos desequilibrios se producen, fundamentalmente, porque en la sociedad actual existe una herida arquetípica tanto dentro de lo masculino como de lo femenino y es necesario sanarla para producir un cambio de conciencia. En muchos sentidos, sigue siendo un «mundo de hombres», en el cual el hombre o lo masculino ejerce el poder y no se tiene en cuenta el lado femenino. Se considera una debilidad, tanto en las mujeres como en los hombres, manifestar la emoción y, aunque esto está empezando a cambiar en la cultura occidental hasta cierto punto, todavía quedan muchas culturas patriarcales en las cuales la herida es muy evidente. En consecuencia, los dos sexos han reprimido las expresiones femeninas vitales de sí mismos. Sólo mediante el reequilibrio de las energías masculinas y femeninas en nuestro interior y colectivamente seremos capaces de vivir una existencia más centrada en el corazón, en la cual el amor, la compasión y la solidaridad tengan más importancia que la separación, el control y la guerra.

Si bien es importante que *todos* mantengamos en equilibrio estas corrientes de energía, por lo general las PAS necesitan tener más presente lo de mantener en equilibrio todos los aspectos de ellas mismas, en el cuerpo físico, el mental, el emocional y el espiritual.

Imagina por un momento que tu alma es un diamante. Todas las caras del diamante son iguales y así representan los aspectos físico, emocional, mental y espiritual de uno mismo. Mantener bien brillantes todas las caras del diamante lo mantiene equilibrado y hermoso.

Tu aspecto físico es, evidentemente, tu cuerpo físico, del cual es importante ocuparse mediante una alimentación sana, bebiendo la cantidad de agua adecuada, haciendo ejercicio con regularidad y durmiendo lo suficiente. Tu cuerpo físico es el recipiente que alberga tu alma: en realidad, tu cuerpo es tu templo.

Tu aspecto mental es tu intelecto, tus pensamientos, tus creencias, tus actitudes y tus valores. Nuestra mente nos puede causar una confusión tremenda y conflictos internos o aportarnos un entendimiento profundo. Desarrollar nuestro aspecto mental mediante actividades como nuevos estudios o aprendizajes nos puede ayudar a ser más abiertos y más capaces de discernir con inteligencia y de volvernos más sabios a partir de las experiencias de nuestra vida y del mundo que nos rodea.

Tu aspecto emocional es tu capacidad para relacionarte con los demás y con el mundo que te rodea en cuanto a sentimientos. Desarrollar el nivel emocional de nuestro ser haciendo actividades como explorar distintas culturas a través de los viajes o trabajar como voluntarios nos permite sentir toda la variedad de la experiencia humana y volvernos emocionalmente cultos en nuestras relaciones con los demás y con nosotros mismos.

Tu aspecto espiritual es tu esencia íntima, la parte de ti que existe más allá del tiempo y el espacio. Te conecta con la energía universal que reside en todo y en todos. Es la interconexión y la unidad de toda la vida. Desarrollar tu conciencia del nivel espiritual por medio de actividades como aprender acerca de distintas religiones o prácticas espirituales y a través de la meditación y la oración nos permite experimentar la sensación de pertenencia y aporta a nuestra vida un significado y un propósito más profundos.

Si hay un desequilibrio en alguno de esos aspectos, habrá desequilibrio en la totalidad, como un efecto dominó. Por lo tanto, si alguien tiene un conflicto emocional, es probable que su salud mental se empiece a resentir y después su salud física y, por último, la espiritual. Su aura y sus chakras se vuelven pesados y se aletargan, lo cual afecta, a su vez, su frecuencia vibracional y es posible que con el tiempo llegue a sentirse desconectado de su espíritu.

En cambio, cuando los cuatro aspectos están en equilibrio y las energías internas masculina y femenina también, se interconectan y se encuentran en el punto central del diamante, su «corazón», lo cual te permite brillar de verdad en la vida.

Entonces empezamos a vivir con una frecuencia vibracional de amor y una conciencia centrada en el corazón. Espero que las distintas técnicas prácticas y las orientaciones que hemos dado en este libro, de principio a fin, te ayuden a mantener este equilibrio y esta armonía en todos los niveles de tu ser. Cuidar de tu salud y de tu bienestar es una prioridad para todos, pero para las PAS, que pueden ser mucho más sensibles a que sus energías estén en equilibrio, cuidar de sí mismas es mucho más importante para que las cosas no las abrumen y para que realmente puedan empezar a prosperar, aportando al mundo sus propios dones, capacidades y cualidades únicos de forma positiva.

CAPÍTULO 22

Cómo florecer y cumplir tu propósito como PAS

Muchas PAS son como capullos cerrados. Algunas no han encontrado las condiciones adecuadas para crecer y alcanzar su plenitud. Otras han capeado demasiados temporales. Algunas han sido elegidas y pisoteadas o dejadas de lado, mientras que otras permanecen camufladas para no desentonar. Sin embargo, igual que el capullo de una flor, tú no has nacido para quedarte cerrado.

Tu esencia divina es como una semilla que contiene tu potencial puro y, desde una perspectiva del alma, te han plantado donde tocaba, a pesar de lo que sugieran las difíciles condiciones externas. Al principio, todas las semillas están bajo tierra, en la oscuridad, y, sin embargo todas crecen instintivamente hacia la luz, aunque no la vean ni la sientan.

Por consiguiente, es importante recordar en todo momento que en tu interior ha sido plantada la semilla del espíritu, una semilla que contiene todo lo necesario para que puedas comprender tu sensibilidad y todo lo que trae aparejado y que te permite llegar a ser la persona maravillosa que eres.

Si tu infancia no te brindó las raíces que necesitabas para sentirte seguro y querido como PAS, aprovecha la ocasión para trasplantarlas ahora a la tierra del conocimiento de quien eres y de que eso es exactamente lo que se supone que seas.

Si quienes te rodean no aceptan o no comprenden tu sensibilidad, recuerda que lo único que realmente importa es que lo hagas *tú*. La edad adulta es una oportunidad para un nuevo crecimiento. Ahora te puedes convertir en el jardinero jefe de tu vida, así que dedica todo tu amor, tu atención y tu cariño a cuidar ese capullo para que florezca plena y auténticamente. Cuando lo hagas posible, a nivel energético verás que te sientes bien y que atraes a todo tipo de espíritus afines, ya sean PAS o no.

Cuando hayas reformulado las dificultades que has tenido que pasar para descubrir los dones y las lecciones que contenían, da un paso más y piensa en cómo podrías usar todo esto para ayudar a los demás de alguna manera.

Nuestro propósito en la vida a menudo es un proceso de apariencia misteriosa que se va desplegando poco a poco. No me cabe la menor duda de que el mío lo fue. Por ejemplo, a la mayoría de la gente que me conoce le cuesta comprender cómo pude tener un alto cargo en una cárcel durante tantos años. No les cuadra y les parece casi una paradoja. Sin embargo, basta con examinar un poco más de cerca cualquiera de nuestras instituciones para encontrar a montones de PAS que siguen su propia carrera igual de paradójica. Llevamos programada en el fondo de nuestra psique la vocación de llevar luz a la oscuridad, de ayudar a los demás o de contribuir a este mundo de alguna manera.

En este mundo hay mucha oscuridad. Basta con encender la televisión para oír hablar de todo tipo de delitos, corrupción, encubrimientos, abusos, guerras y muchas cosas más. El estrés, el agotamiento, la depresión y la adicción se están volviendo, lamentablemente, de lo más habituales y la enfermedad y el malestar están llevando a nuestro sistema sanitario y de asistencia social a sus límites. ¡Qué abrumador resulta!, ¿verdad? Además, también nos deja con la sensación de que no podemos hacer nada en absoluto.

Sin embargo, es importante recordar que también hay mucha luz en este mundo y que hay individuos que han hecho y siguen haciendo muchas cosas notables para llevar luz a la oscuridad. Un ejemplo clásico son los líderes en la lucha por los derechos civiles. Todos ellos han cambiado mucho las cosas y cada uno de nosotros puede hacer lo mismo, tal vez no de la misma forma que ellos, pero el cambio puede comenzar por nosotros: por la forma de tratarnos a nosotros mismos y a los demás.

El propósito de nuestra vida a menudo se encuentra en nuestros retos o en nuestras historias, de modo que es importante profundizar. Por ejemplo, tal vez el progenitor de un niño que ha muerto de una enfermedad desconocida ponga en marcha una ONG para recaudar fondos para la investigación, como consecuencia de lo cual quizá se encuentre una cura y, posteriormente, ningún otro padre tenga que sufrir una pérdida similar.

Cuando nos deshacemos de todas las capas de dolor emocional, condicionamiento pasado y creencias negativas acerca de nuestra sensibilidad, podemos empezar a sentirnos poderosos y a revelar al mundo nuestras increíbles cualidades innatas de amor, compasión, empatía, creatividad, sanación, ayuda y mucho más.

El mundo necesita más sensibilidad, así que, si eres una PAS, no sigas ocultándolo. Tu luz y tu hermosa sensibilidad son un regalo. Puedes cambiar cosas si asumes tu poder: el poder del amor y el poder de quién eres de verdad. En última instancia, éste es tu propósito espiritual. El propósito de esta vida se revelará a su debido tiempo. Todo lo que has hecho en el pasado, todo lo que estás haciendo en el presente y todo lo que vas a hacer en el futuro forma parte del propósito de tu vida, en cierto modo.

Por consiguiente, sea lo que sea que hagas en la vida, recuerda que ser sumamente sensible no es una debilidad ni un defecto, sino un don que dará realce a tu vida.

Las PAS son unas de las personas más fuertes que conozco y pueden ser una ventaja en cualquier ambiente, personal o profesional, si se las comprende y se las respeta como son.

Para terminar, me gustaría decir que espero que la lectura de este manual te haya servido y que te siga ayudando y apoyando a medida que aprendes a manejar esta característica con mayor eficacia. En mis últimos quince años de trabajo en este campo, he visto prosperar a muchísimas PAS cuando aprenden a quererse y a aceptarse a sí mismas; cuando aprenden a trabajar *con* su sensibilidad, en lugar de oponerle resistencia; cuando empiezan a explotar la sabiduría interna de su espíritu y su alma, y cuando aprenden a vivir con el corazón y a dejarse llevar por sus pasiones. Espero que este manual haga que te sientas inspirado y con el poder necesario para conseguir también esto.

Por último, espero que incluso te inspire para convocar a los hermosos seres espirituales que te rodean y que te esperan ansiosamente para ayudarte, guiarte y apoyarte a lo largo de esta vida y más allá. Simplemente, pide ayuda y verás que tu vida se vuelve mucho más rica.

FIN

RECURSOS ADICIONALES

Lecturas recomendadas:

ARON, E. N.: *The Highly Sensitive Person.* Broadway Books: 1996. (Trad. cast.: *El don de la sensibilidad.* Ed. Obelisco: Barcelona, 2019).

—: *The Highly Sensitive Person in Love.* Harmony: 2001. (Trad. cast.: *El don de la sensibilidad en el amor.* Ed. Obelisco: Barcelona, 2018).

—: *The Highly Sensitive Child.* Harper Thorsons: 2015. (Trad. cast.: *El don de la sensibilidad en la infancia.* Ed. Obelisco: Barcelona, 2017).

BALDWIN, W. J.: *Spirit Releasement Therapy.* Headline Books: 2005.

FIORE, E.: *The Unquiet Dead.* Doubleday: 1988. (Trad. cast.: *La posesión.* Ed. Edaf: Madrid, 1987).

FORD, D.: *The Dark Side of the Light Chasers.* Hodder&Stoughton: Londres, 2001. (Trad. cast.: *Los buscadores de luz.* Ed. Diagonal/Grup 62: Barcelona, 2001)

—: *The Secret of the Shadow.* HarperOne: 2002. (Trad. cast.: *El secreto de la sombra: cómo reconciliarte con tu propia historia.* Ed. Obelisco: Barcelona, 2010).

—: *Why Good People Do Bad Things.* HarperOne: 2009.

HALL, J.: *The Crystal Bible.* Godsfield Press: 2009. (Trad. cast.: *El pequeño libro de los cristales.* Gaia Ediciones: Madrid, 2016)

HAMILTON, D. R.: *I Heart Me: The Science of Self-love.* Hay House: 2015. (Trad. cast.: *Lo que me gusta de mí.* Books4pocket: 2019).

HAY, L.: *You Can Heal your Life.* Hay House: 1984. (Trad. cast.: *Usted puede sanar su vida.* Books4pocket: 2009).

HOLDEN, R.: *Loveability.* Hay House: 2013. (Trad. cast.: *Aprender a amar y ser amado.* Ed. Grijalbo: Barcelona, 2014).

LILLY, S. y LILLY, S.: *The Essential Guide to Crystals.* Duncan Baird Publishers: 2010. (Trad. cast.: *Cristales.* Ed. Blume: Barcelona, 2008).

MEADER, W.: *Shine Forth: The Soul's Magical Destiny.* Goodreads: 2004.

WOOLGER, R. J.: (2004) *Healing your Past Lives: Exploring the Many Lives of the Soul.* Sounds True: 2004.

—: *Other Lives, Other Selves.* Doubleday: 1987. (Trad. cast. *Otras vidas, otras identidades.* Ed. Martínez Roca: Barcelona, 1991).

Descargas de meditaciones

«Angelic Protection for Sensitive People» (Protección de los ángeles para personas sensibles)

«Learning to Love Yourself» (Cómo aprender a quererte)

Ambas se pueden descargar en www.melcollins.co.uk

Páginas web

Roger Woolger y la terapia de la regresión de las vidas pasadas: El psicoterapeuta junguiano y respetado escritor Roger Woolger, PhD, elaboró sus enseñanzas para ayudar a la gente a comprender las complejidades del reino espiritual. Aunque Roger ya ha pasado a los reinos ancestrales, sus enseñanzas continúan a través de su escuela internacional para actos y formaciones: www.deepmemoryprocess.com

The Highly Sensitive Person (El don de la sensibilidad) – Dra. Elaine Aron

www.hsperson.com

El estudio citado en la primera parte del libro se llama «The highly sensitive brain: an fMRI study of sensory processing sensitivity and response to others' emotions» (El cerebro altamente sensible: un estudio IRMf) y fue escrito por Bianca P Acevedo, Elaine N. Aron, Arthur Aron, Matthew-Donald Sangster, Nancy Collins and Lucy L. Brown (publicado por primera vez el 23 de junio de 2014) y está disponible en un artículo de acceso libre con el título «Brain and Behavior» (Cerebro y comportamiento) publicado por Wiley Periodicals, Inc al que se puede acceder en https://doi.org/10.1002/brb3.242

Protección de campos electromagnéticos
https://energydots.co.uk

Directorio de psicoterapeutas (comprueba con el terapeuta que elijas si trata las personas PAS):
www.psychotherapy.org.uk

EMDR (desensibilización del movimiento ocular y terapia de reprocesamiento) – recomendado para sanar de traumas y maltratos:
www.emdrassociation.org.uk

British Alliance of Healing Associations (BAHA)
www.britishalliancehealingassociations.com

ÍNDICE